プラトン

エウテュデモス／クレイトポン

西洋古典叢書

凡例

一、この翻訳の底本としては、Oxford Classical Texts（OCT）のバーネット校訂本（*Platonis Opera, recognovit brevique adnotatione critica instruxit, Ioannes Burnet, tomus III, IV, 1902-03*）所収の *Euthydemus*, および *Clitopho* を使用し、これらと異なる読み方をした箇所は訳註によって示す。使用文献とその略称については「解説」末に記す。

二、本文上覧の算用数字とＡＢＣＤＥの記号は、慣用となっているステファヌス版（一五七八年）の頁数と各頁内のＡＢＣＤＥの段落づけとの（おおよその）対応を示す。

三、ギリシア語をカタカナで表記するにあたっては、

(1) φ, θ, χ と π, τ, κ を区別しない。

(2) 固有名詞は原則として音引きを省いた。

(3) 地名人名等は慣用にしたがって表示した場合がある。

四、本文中の改行は必ずしも底本にしたがわない。——はほぼ底本にしたがったが、訳文の流れにより、訳者が省いたものもある。

五、訳語に原語を示す必要がある場合、（　）にカタカナで記した（たとえば、「問答家たち（ディアレクティコイ）」）。

六、二重かぎ括弧『　』は書名を示す。訳註で著者名をつけないで示したものは、すべてプラトンの著作である。

七、本文の内容目次、章分け（シュタルバウム、ベッカーなど慣用のものに準拠）、および各章の標題は、訳者によるものである。

目次

本文の内容目次

エウテュデモス／クレイトポン

朴　一功　訳

エウテュデモス——論争家

登場人物

クリトン　ソクラテスの親友

ソクラテス

ディニュソドロス
エウテュデモス　｝キオス島（エーゲ海中東部の島）出身のソフィスト兄弟

クレイニアス　クテシッポスに愛されている少年

クテシッポス　ソクラテスに親しい若者

匿名の人物

271A

一　新しいソフィストたち

クリトン(1)　だれだったかね、ソクラテス、昨日君がリュケイオン(2)で対話していた相手というのは？　君たちのまわりには、それはもうたいへんな人だかりができていて、ぼくとしては近寄って聞きたかったけれども、はっきりとしたことは何ひとつ聞けなかったのだ。とはいえ、背伸びをして様子を見たところ、ぼくには君の対話していた相手というのは、だれかよその人であるように思えたのだが……。だれだったかね？

ソクラテス　君はまたどっちの人のことをたずねているのかね、クリトン。なぜって、一人ではなくて、二人いたわけだから。

(1) ソクラテスの最も親しい友人。ソクラテスと同年齢で同じアロペケ区（アテナイ中心部南西の区）の出身（『ソクラテスの弁明』三三D—E）。本篇から知られるように職業は農民（二九一E参照）。ソクラテスの裁判に列席し（『弁明』三八B）、臨終にも立ち会った（『パイドン』一一八A）。

(2) リュケイオンは、アテナイの東郊外にあるリュケイオス・アポロン（輝くアポロン）の神殿に隣接する体育場。ソクラテスのよく訪れた場所であり（『エウテュプロン』二A、『リュシス』二〇三A参照）、その神域は後にアリストテレスが学園を開いた地。

(271) B クリトン　ぼくが言っているのは、君から右に数えて三番目のところ[1]に座っていた人のことなのだが、君たちの間にはアクシオコス[2]の若い息子[3]がいたよ。その子は、ソクラテス、もうずいぶん大きくなったようにぼくには思えたのだが、うちの子のクリトブロスと年齢はたいして違わないようだ。けれども、あの子はやせているのに、その子の方はすっかり大きくなっていて、見るからに美しくて立派だね。

ソクラテス　エウテュデモス[4]だよ、クリトン、君がたずねている人というのは。そしてぼくの左側に座っていたのが彼の兄弟のディオニュソドロス[5]で、彼もまた議論に参加している。

クリトン　どちらもぼくの知らない人だね、ソクラテス。どうやら彼らはまた、新しいソフィストたちの
C ようだね。どこの出身なんだ？　そしてその知恵というのは何かね？

ソクラテス　彼らの生まれは、ぼくの思うに、たしかこちらの方でキオス島の出身なのだが、トゥリオイ[6]に移住したのさ。しかしそこから追放されて、すでに長年にわたってこちら[7]のいろいろなところで過ごしているのだよ。

ところで、君のたずねているご両人の知恵というのは、クリトン、驚嘆すべきものなのだ。ともかく彼らは文字どおり全知の人であって、ぼくはこれまでパンクラティオン力士[8]の何たるかを、まるで知らなかったというわけさ。なにしろこの二人は、まったくもって万能戦士なのだからね。彼らは、アカルナニア地方出
D 身のあのパンクラティオン力士兄弟[9]の水準どころではなかったね。つまり、あの兄弟は肉体だけで戦うこと

（1）すなわち、隣の隣。

（2）アクシオコスは、アルキビアデス（前四五〇—四〇四年、

ソクラテスを慕うアテナイの有名な政治家）の叔父。
（3）クレイニアスのこと。アルキビアデスとはいとこ関係にある（二七五Ｂ一、および一七頁註（1）参照）。
（4）エウテュデモスはディオニュソドロスとともに、以下で説明されるようにキオス島（エーゲ海中東部の比較的大きな島）出身のソフィスト。どちらも生没年不詳。彼らは老人になってから論争術に手をつけたと言われていること（二七二Ｂ）、彼らの歯の本数が問われていること（二九四Ｃ）、また子どもの教育に悩んでいるクリトン（三〇六Ｅ）がソクラテスと同年輩であることなどから推測すれば、本篇に登場する彼らは、クリトンやソクラテスよりも年長の老人であっただろう。エウテュデモスについては、プラトンの作品ではほかに『クラテュロス』三八六Ｄにおいてのみ言及され、「あらゆるものに、あらゆるものが、同時にそしてつねに、そなわっている」という説が彼に帰せられている。また、エウテュデモスの名はアリストテレス『ソフィスト的論駁について』（第二十章一七七ｂ一二）、および『弁論術』（第二巻第二四章一四〇一ａ二七）でもあげられており、よく知られたソフィストであったと見られる。
（5）ディオニュソドロスはエウテュデモスより年長であることが、本篇二八三Ａから知られる。クセノポン『ソクラテス言行録』第三巻第一章五で、ディオニュソドロスがアテナイにやって来て軍事統率法を教えると公言しているにもかかわらず、彼に学んだソクラテスの仲間の一人がソクラテスに、あの方は「同じ話から始めて、同じ話でお終いでした。つまり、私に伝授してくれたのは戦列配置のことだけで、他には何もありませんでした」（内山勝利訳）と言ったと伝えられている。本篇二七三Ｃ参照。
（6）前四四四／四三年、南イタリアに建設されたギリシア人の新植民都市。
（7）「こちら」とはギリシア本土を指すであろうが、「エーゲ海の島々」や「アテナイ」の可能性も考えられる。
（8）パンクラティオン（あらゆる競技の意）とは、レスリングとボクシングを組み合わせた格闘技。パンクラティオン力士（パンクラティアステース）とはその格闘技の力士であるが、ここでは「あらゆる（パン）競技選手（クラティアステース）」、すなわち「万能選手」という原意が念頭に置かれているであろう。
（9）この力士兄弟については不詳。アカルナニアはギリシア中西部の地方。

ができるにすぎないが、ご両人はといえば、まず、肉体の面で、またあらゆる人を打ち負かす戦いの面でも[1]、
この上もなく能力があり――すなわち、武装して戦うことにかけて彼ら自身すこぶる知恵があるばかりか、
272A 他の人をも、報酬を払ってくれる人ならだれにでも、そんなふうにしてやれるのだ――、それから、法廷で
の戦いで争うことにかけても、また他の人に種々の法廷用の言論を語ったり作成したりすることを教えるこ
とにかけても、この上もなくすぐれているのだ。

ところで、以前はご両人の能力が秀でていたのはこれらの分野だけだったが、しかし今や彼らは、パンク
ラティオンの技術に究極の仕上げをしてしまった。というのは、彼らにはこれまで手つかずのまま残されて
いた戦いがあったのだが、それを今や彼らはなし遂げてしまったのだからね。その結果、もはやだれ一人と
して彼らには、立ち向かうことすらできないだろう。それほど彼らは恐るべき能力の持ち主になってしまっ
B たのだ。議論で戦うことにかけても、またそのつど語られることを――それが偽りであろうと真実であろう
と同じように――論駁することにかけても。

そこでぼくは、ねえクリトン、その人たちに自分の身をまかせるつもりでいるのだよ。なにしろ彼らの主張では、短時間で他のどんな人であろうと、同じそうした事柄に関して能力のある者にすることができる、ということでもあるしね。

クリトン　何だって、ソクラテス？　年齢のことは心配ないのかね、君はすでに年を取りすぎているのではないか？

ソクラテス　少しも心配ないよ、クリトン。心配せずにすむ十分な証拠と励ましをぼくはもっているのさ。

というのは、そのご両人自身が、言ってみれば、老人になってからこのぼくが欲しているあの知恵に、つまり論争術に手をつけたのだからね。昨年か、一昨年あたりは、ご両人はまだ知者ではなかったのだ。

C けれども、ぼくの恐れていることが一つだけある。つまり、ちょうどぼくがメトロビオスの息子で竪琴弾きのコンノス[2]に汚名を着せたように、そのように今度は、ぼくはその二人の客人に汚名を着せることになりはしないかと心配しているのだが、コンノスは今もなお、このぼくに竪琴の演奏を教えてくれている。そこでその様子を見ながらぼくと一緒に通っている学び仲間の子どもたちは、ぼくをあざ笑い、おまけにコンノスのことを「老人の先生」と呼んでいるのさ。だから二人の客人に対しても、だれかが同じことで汚名を着せはしないかと気がかりなのだ。でも客人たちはおそらく、まさにその点を恐れているので、ぼくをよろこんで受け入れるようなことは、たぶんしたがらないだろうね。

だがね、クリトン、ぼくはあの場合には、他の老人たちに同じ学び仲間としてぼくと一緒に通ってくれる
D ようすっかり説得したので、今度の場合もとにかくぼくは、他の人たちへの説得を試みたいと思う。君もどうだろう、一緒に通わないか？　また、彼らを釣る餌として君の息子さんたちを連れて行くことにしよう。

---

(1) 底本が削除する「またあらゆる人を打ち負かす戦いの方面でも」の一文（二七一D二―三）を写本通り読む。「あらゆる人を打ち負かす戦い」とは、ギフォードが示唆するように、続いて述べられる「武装して戦うこと」を指すものと考えられる（『ラケス』一八二A―B参照）。

(2) コンノスは『メネクセノス』二三五Eでも言及され、ソクラテスの音楽（ムーシケー）の教師と言われている。

なにしろ、あの子たちを手に入れたくて、きっと彼らは、ついでにぼくたちの方も教育してくれるだろうか
らね。
クリトン　いや、何の差し支えもないよ、ソクラテス、君さえよいと思うのなら。しかしまずは、その人
たちの知恵が何であるのかを、ぼくに詳しく語ってくれたまえ。われわれがこれからいったい何を学ぶこと
になるのか、ぼくは知っておきたいのでね。

二　ソフィスト兄弟の「立派な本業」——徳の伝授

ソクラテス　すぐにでも聞かせてあげよう。というのは、ぼくがあの二人に注意を払っていなかったなど
とは言えないだろうからね。いやぼくは、大いに注意を払っていたし覚えてもいるので、君に最初から何
E かもすべてを詳しく語ってみることにしよう。つまりこうなのだ、ある神のはからいで、たまたまぼくはそ
の場所に座っていた。まさにそこのところで君はぼくを見かけたわけだが、あの脱衣場のところにぼくはひ
とりでいたのだ。そしてもう立ち去るつもりでいた。
ところが、ぼくが立ち上がるや、例のダイモーンの合図[1]が起こったのだ。そこでふたたびぼくは腰をおろ
273A した。するとまもなくして、あの二人が入ってきた——すなわち、エウテュデモスとディオニュソドロスが
——、そしてそれとともに今度は他の多くの、とぼくには思えたのだが、弟子たちが入ってきた。が、二人
は入ってくると、屋根のついている走り場のところを歩きまわっていた。そしてその両人がまだ二度か三度、

走り場をまわりきらないうちに、クレイニアスが入ってきたのさ。彼のことを君はとても大きくなったと言っているが、君の言うのは本当だね。その彼の後ろにはしかし、ずいぶん多くの彼の恋人たちがいたのだが、他の者たちに混じってクテシッポス[2]もいた。彼はパイアニア区[3]の若者で、若いので生意気という点を除けば、生来の素質はとても美しくて立派なものだ。

B そこでクレイニアスが入り口のところから、ぼくがひとりで座っているのを目にすると、まっすぐにやって来て、君も言っているように、ぼくの右側に腰をおろした。一方、ディオニュソドロスとエウテュデモスは彼を見ると、ちらちらとぼくたちの方に目をやりながら——彼らには、ぼくは大いに注意を払っていたからね——最初は立ち止まって互いに話し合っていたのだが、それからやって来て、一方の者はその子のそばに腰をおろしたのだ、これがエウテュデモス、他方の者はぼく自身の左側に腰をおろし、また他の者たちはどこでも座れるところに腰をおろした。

C そこでぼくは、彼らに久しぶりにお目にかかったものだから挨拶をした。そしてそのあと、クレイニアス

(1) ダイモーン(神霊)の合図(ダイモニオン・セーメイオン)とは、ソクラテスの行動が正しくない場合に、ソクラテスに「一種の声」となって現われ、その行動を差し止めるはたらきをする予言的な合図であり(『弁明』三一D、四〇A)、「神の合図」とも呼ばれる(同四〇B)。いわゆる「ソクラテスのダイモニオン」(『エウテュプロン』三Bなど)。ここでは合図により、ソクラテスは腰をおろす。

(2)『リュシス』にも登場する青年であり、ソクラテスの親しい仲間の一人として、彼の臨終にも居合わせた(『パイドン』五九B)。

(3) アテナイ郊外東南東の区。

(273) に向かって言った、「クレイニアスよ、こちらのご両人は、いいかね、知恵のある方たちで、エウテュデモスさんとディオニュソドロスさんだ。その知恵は小さな事柄ではなく、大きな事柄にかかわっている。というのも、お二人は戦争に関するあらゆる事柄を、つまり、すぐれた将軍になろうとする者が知らねばならない一切のことを知っておられるのだから。たとえば、軍隊の配置や指揮、それに武装して戦うといったことをね。また、だれかが人の身に不正を加えてくるなら、法廷においてその人が自分で自分の身を守れるような者にしてやれる方たちなのだ」。

D ところでこうしたことを言うと、ぼくは彼らに軽蔑されたのだよ。実際、二人は互いに顔を見合わせて笑ったのだが、エウテュデモスはこう言うのだった、「もはやそのようなことには、ソクラテス、われわれはけっして真剣ではなく、それらを片手間の仕事としてやっているだけなのだ」。

そこでぼくは驚いて言った、「それほどの事柄があなたがたにとって片手間の仕事にすぎないのであれば、たぶんあなたがたの本業はさぞ立派なものでしょうね。それならどうか、神々にかけて私に言ってください、その立派な本業とは何であるのかを」。

「徳を」と彼は言った、「ソクラテスよ、われわれはだれよりも立派に、そしてだれよりもすみやかに授けることができると思う[1]」。

三　ソフィスト兄弟への懇願

E 「これはゼウスよ！」とぼくは声をあげた、「何ということをあなたがたはおっしゃるのですか。どこからそんな儲けものを見つけたのですか？　私の方は今しがた言っていたように、あなたがたについてはもっぱらこのこと、つまり武装して戦うことに能力があるのだとこれまで考えていましたし、またそのようなことをお二人については語ってもいたのです。それというのも、以前こちらに滞在なさったとき、そういったことをお二人が公言されていたのを私は覚えているからです。しかし今もし本当にそのような知識をあなたがたがもっていらっしゃるのなら、どうかご慈悲を垂れたまえ！――実際、私としてはただひたすらお二人に、まるで神々のようにして呼びかけるほかないのです、これまで私が言っていたことに対してお赦しをいただかなくてはならないとすれば。

274A さあ見てください、エウテュデモスにディオニュソドロス、あなたがたが真実を語っているかどうかを。なぜなら、宣伝が大きいばかりに、かえって信じられないというのは何も不思議なことではありませんからね」。

「いや、よく承知しておいてくれたまえ、ソクラテス、それはその通りなのだと」。

(1) したがって、二人の本業は徳の教師。「徳」の原語「アレテー」の原意は善さ、卓越性。二人は、人々に徳を授けることができ、その知恵をもっていると主張しているのである。

(274) 「となれば私は、大帝国を支配するペルシア大王よりも、はるかにずっとあなたがたの方をその所有物のゆえに祝福いたします。けれども、これだけのことは私に言ってください、すなわち、あなたがたはその知恵を披露してくださるおつもりですか、それともお二人としてはどんなふうに心づもりなさっているのでしょうか」。

「まさにそのことのためにこそ、われわれはここにいるのだ、ソクラテス、それを披露するためにね。ま
B ただれか学びたいと望む者がいるなら、その者に教えるためにね」。

「いや、その知恵をもたない人たちなら、だれでもそれを学びたいと望むでしょう——この点は私があなたがたに請け合いますよ。まず第一にこの私がそうですし、それからここにいるクレイニアス、また私たちに加えて、このクテシッポスと他のこれらの者たちも」とぼくは言った、彼にクレイニアスの恋人たちを指さしながらね。またすでに彼らはわれわれのまわりに立っていたのだ。

つまり、クテシッポスはたまたまクレイニアスから遠く離れたところに座っていたのだが、——そしてぼくの思うに、エウテュデモスがぼくと話し合う際にたまたま前にかがみ込んでしまうと、クレイニアスはわれわれの間にいたものだから、クテシッポスの視界を遮っていたのだ——そこでクテシッポスはなんとか自分の愛する子[1]を眺めたくて、また同時に話を聞くのが好きなので、まっ先に飛んで来てわれわれの目の前に
C 立った。するとそのようにして、他の者たちも彼を見てわれわれのまわりに立つことになったのだ、クレイニアスの恋人たちや、エウテュデモスとディオニュソドロスの仲間たちとがね。

こうして彼らを指さしながら、ぼくはエウテュデモスに、みんな学ぶ気でいますよ、と告げた。するとク

D テシッポスは非常に熱心に賛同したが、他の者たちもそうだった。そして両人に対して、みんなが一緒になってその知恵の力を披露してほしいと懇願していた。

四　知恵の披露の要請

そこでぼくは言った、「エウテュデモスにディオニュソドロス、どうか是非ともこれらの人たちの願いをかなえてあげてください、そして私のためにも披露してください。ところで、その大半を披露するというのは、明らかに些細な仕事ではありません。ただ次のことを私に言ってください。つまり、あなたがたから学ぶべきだとすでに確信している人だけを、あなたがたはすぐれた善き人にすることができるのでしょうか、E それとも、徳とはおよそ学びうる事柄ではないと思っていたり、あるいはあなたがたのことを徳の教師ではないと思っていたりしているために、まだ確信がもてないような人までも善き人にすることができるのでしょうか。さあどうでしょう、そのような状態の人に対してさえ、徳は教えられるものであり、また、人がそれをいちばんよく学びうるのはあなたがたのもとにおいてであること、これらのことを説得するのも同じ技術の仕事なのでしょうか、それとも別の技術の仕事なのでしょうか」。

「もちろん、この同じ技術の仕事だ、ソクラテス」とディオニュソドロスは言った。

---

(1) クレイニアスのこと。

275A 「とすれば、あなたがたは、ディオニュソドロス」とぼくは言った、「今の時代の人々のなかでは最もよく人を知恵を愛する哲学へと、そして徳の心がけへと向かわせることができるのでしょうね」。

「まさにわれわれはそう思っている、ソクラテス」。

「それでしたら、他のさまざまな事柄を私たちに披露してくださることは」とぼくは続けた、「また別の機会にまわしていただき、まさにこの点を披露してください。すなわち、ここにいるこの若者に対して知恵を愛すべきこと、そして徳を心がけるべきことを説得して、私とここにいる者たちすべての願いをかなえてください。というのは、たまたまこういう事情がこの少年にはあるからです。つまり、私だけでなく、ここにいるだれもがこの少年にできるかぎりすぐれた者になってもらいたいと望んでいるのです。またこの子は先
B 代のアルキビアデス[1]の息子アクシオコスの子で、今いるアルキビアデスの実のいとこなのです。彼の名前はクレイニアス。しかし若い。だから私たちは、若い人に関しては当然のことながら、彼のことも心配していて、だれかがわれわれに先んじて何か別の営みへと彼の考えを向けさせて、彼を堕落させてしまうのではないかと恐れているのです。

そこで、あなたがたお二人はちょうどよい時にやって来られました。さあ、もしあなたがたに何かご異存がなければ、この少年を試してみてください、そして私たちの前で対話してください」。

こうしてぼくがおよそこれだけのことを言い終えるや、エウテュデモスは勇気と自信に満ちた口調で、

C 「いや、何も異存はない、ソクラテス」と応じた、「もしこの若者に答えてくれる気さえあるならね」。

「しかしほかでもありません」とぼくは言った、「そのことについてはこの子は慣れてもいるのです。とい

うのは、ここにいる者たちはしょっちゅう彼のところに行っては、多くのことを問いかけて対話しており、その結果、彼は答えることにはかなり自信をもっているのですから」。

五　学ぶ人は知恵のある者か、無知な者か

この後のことは実際、クリトンよ、どのようにすれば君にうまく報告することができるだろうか。というのは、途方もない知恵を思い出してきちんと述べてゆくのは、些細な仕事ではないからね。したがってぼく
D
としては、詩人たちのようにして、報告を始めるにあたって文芸の女神ムーサたち(2)と記憶の女神ムネーモシュネーに呼びかけなくてはならない。さてそこでだが、ぼくの思うに、どこかこうしたところからエウテュデモスは始めたのだ。

（1）先代のアルキビアデスには、アクシオコスのほかにペルシア戦争で武功を立てたもう一人の子クレイニアスがいた（ヘロドトス『歴史』第八巻第一七）。このクレイニアスの子が有名なアルキビアデス（七頁註（2）参照）であり、アクシオコスの子が若いクレイニアスである。したがって、有名なアルキビアデスと若いクレイニアスはいとこ関係にある。

（2）ムーサたちとは、記憶の女神ムネーモシュネーとゼウスとの間に生まれた九人の娘からなる女神たち。音楽、文芸、学問全般を司る。詩人たちは霊感を求めてしばしばムーサに呼びかけるが（ホメロス『イリアス』第二歌四八四行、『オデュッセイア』第一歌一行、ヘシオドス『神統記』二五―三四行など）、ここではソクラテスは記憶を甦らせるためにムネーモシュネーにも祈願している。

「クレイニアスよ、学ぶ人たちというのは、人間たちのうちどちらだろうか、知恵のある者だろうか、それとも無知な者だろうか?」。
すると少年は、問われていることが重大なので、顔を赤らめ、困惑してぼくの方に目を向けた。そこでぼくは、彼がどぎまぎしているのがわかったので、「がんばれ、クレイニアス」と声をかけた、「そして勇気を
E ふるって答えるのだ、どちらでも君にこうと思われるところを。たぶんエウテュデモスは、君に最大の利益
をもたらしてくれるだろうからね」。
そしてその間に、ディオニュソドロスがぼくの方に少しかがみこんで、顔にたいそう笑みを浮かべるや耳元で、「だがね、ソクラテス」とささやいた、「君にあらかじめ言っておくがね、その少年がどちらを答えようとも、論駁されることになるのさ」。
すると彼がそう言っている間に、クレイニアスは答えてしまったので、その結果、気をつけるようにとその
276A 少年に助言を与えることすらぼくにはできなくて、彼は、知恵のある者が学ぶ人たちです、と答えたの
だった。
それからエウテュデモスは、「しかるに、君はある人たちのことを」と続けた、「教師と呼ぶだろうね、そうではないか」。
クレイニアスは同意した。
「では、教師というのは学ぶ者たちの教師ではないか、ちょうど竪琴弾きや読み書きの教師が、たぶん君や他の子どもたちの教師であり、君たちはその生徒であったのと同じようにね」。

クレイニアスは賛成した。

「では、君たちが学んでいたとき、君たちは学んでいた事柄をまだ知らなかったのではないか」。

「知りませんでした」と彼は答えた。

B「ではそもそも、君たちがそうした事柄を知らなかったとき、君たちは知恵のある者であったのだろうか」。

「いいえ、けっして」と彼は言った。

「では、知恵のある者でなければ、無知な者だろうね」。

「もちろんそうです」。

「とすれば、君たちは知らなかった事柄を学んでいる場合、無知な状態で学んでいたのだ」。

少年はうなずいた。

「とすれば、無知な者たちが学ぶのであって、クレイニアスよ、君が思っているように、知恵のある者たちではないのだ」。

そこでこうしたことを彼が言い終えるや、まるで指揮者が合図したときの合唱隊のようにして、ディオニュソドロスとエウテュデモスのあの取り巻き連中たちは、やんやと騒ぎ立てるとともに、げらげらと笑ったのだ。そしてその少年がちゃんとよく息つく間もなく、ディオニュソドロスが引き継いで言った、
C「ではどうだろう、クレイニアス、読み書きの教師が君たちに口述するとき、口述されるものを学んだのは子どもたちのうちどちらだろうか、知恵のある者たちかね、それとも無知な者たちかね」。

(276) 「知恵のある者たちです」とクレイニアスは答えた。
「してみれば、知恵のある者が学ぶのであって、無知な者ではないのだ。そして、君が今しがたエウテュデモスに答えたのは適切ではなかったのだ」。

六　学ぶ人は学ぶ事柄を知っている人か、知らない人か

D かくしてここで両人の信奉者たちは、両人の知恵を讃えて、大声でげらげらと笑い、騒ぎ立てた。他方、われわれほかの者たちは仰天して黙っていた。が、エウテュデモスはわれわれが仰天しているのを認めて、さらにいっそうわれわれが彼のことを驚嘆するようにと、少年を手放さずにたずねたのだ。そして上手な踊り手たちのようにして、同じ事柄に関する質問を二重にひねって[1]、こう言った、

「実際、学ぶ人たちが学ぶのは、知っている事柄なのか、知らない事柄なのか」。

するとディオニュソドロスがふたたびぼくに小声でささやいて言った、「これまた、ソクラテス、別口の、
E 先ほどと同じような問いなのだ」。

「おお、ゼウスよ！」とぼくは声をあげた、「たしかに先ほどの質問は、われわれには[2]みごとなものに見えました」。

「すべて、ソクラテスよ」と彼は言った、「われわれが問いかけているのは、このような逃れられないたぐいの問いなのさ」。

「だからこそ」とぼくは応じた、「あなたがたはお弟子さんたちの間で評判がいいのだと、私には思われます」。

その間にしかし、クレイニアスはエウテュデモスに、学ぶ人たちが学ぶのは知らない事柄です、と答えた。それに対してエウテュデモスは、先ほどと同じような問いの手順で彼にこう質問した。

277A 「ではどうだろう」とエウテュデモスは言った、「君は文字を知らないかね」。

「知っています」とクレイニアスは答えた。

「すべての文字を知っているのではないかね」。

彼は同意した。

（1）「二重にひねって」は踊り手の舞踏との関連で言われたものであるが、意味は判然としない。その句は、「同じ詭弁をやや形を変えて再度もち出した」（シュタルバウム）、つまり「さらにひねって」「重ねてひねって」を意味する（この解釈は次章冒頭の「三度目の勝負」とうまくつながる）。しかしここでは問いの形式について言われた可能性も考えられる。すなわち、学ぶ人は知恵のある者か、無知な者かという最初の問いとはちがって、今度は、学ぶ人が学ぶのは知っている事柄なのか、知らない事柄なのかと問われ、「学ぶ」と「知っている」の動詞二語によって問いの形式が二重になっているからである（カントー）。その場合、「二重にひねって」は「二段階ひねって」という意味になるだろう。

（2）底本通り ἡμῖν（ステファヌスの修正案）を読む。有力写本（BTW）は「ὑμῖν（あなたがたには）」となっており、これを読めば、「あなたがたにはみごとな現われでした（みごとな啓示でした）」（ギフォード）とか、「あなたがたには適切なもの（好都合なもの）と判明しました」（ラムなど）のような訳になり、アイロニカルな表現になるが、文脈に合わないであろう。

(277) 「すると人が何であれ口述するときには、その人はさまざまな文字を口述するのではないかね」。
彼は同意した。

「ではその人は、君がすべての文字を知っている以上、君の知っている文字のどれかを口述するのではないかね」。

これにも彼は同意した。

「それならどうだろうか」とエウテュデモスは続けた、「そもそも、だれかが口述する事柄を学ぶのは君ではなくて、文字を知らない人こそが学ぶのではないか」。

「いいえ」とクレイニアスは答えた、「私が学ぶのです」。

B 「とすれば、君は知っていることを」とエウテュデモスは言った、「学ぶのだ、まさに君がすべての文字を知っているとすればね」。

クレイニアスは同意した。

「してみれば、君は正しく答えなかったわけだ」と彼は言った。

そしてこれらのことをエウテュデモスがほとんど言うか言わないうちに、ディオニュソドロスはまるでボールのようにその議論を受け取って、ふたたび少年にねらいを定めてこう言った。

「エウテュデモスは君をすっかりだましているのだ、クレイニアス。なぜって、私に答えてみたまえ、学ぶということは、何であれ人が学ぶ事柄の知識を手に入れることではないか」。

クレイニアスは同意した。

「では、知っているということは」とディオニュソドロスは続けた、「すでに知識をもっていることではないか」。

彼は賛成した。

C
「してみれば、知らないということは、まだ知識をもっていないことだね」。

クレイニアスは彼に同意した。

「それでは、何かを手に入れる者たちというのは、すでにそれをもっている者たちだろうか、それとももっていない者たちだろうか」。

「もっていない者たちです」。

「ところで君は、知らない人もこの者たちに、すなわち、もっていない者たちに属すると同意していたのではなかったたか」。

クレイニアスはうなずいた。

「とすれば、学ぶ人というのは、手に入れる者たちに属するのであって、もっている者たちに属するのではないわけだね」。

彼は賛成した。

「そうだとすれば、知らない人たちが」とディオニュソドロスは言った、「学ぶのだ、クレイニアス、知っている人たちが学ぶのではないのだ」。

七　ソクラテスによる「学ぶ」の説明——戯れの終わり

D こうしてさらに、ちょうどレスリングの試合のようにして三度目の勝負のために、[1]エウテュデモスはその若者を投げ倒そうとして突進していった。そこでぼくは、その少年が深みに沈んでゆくのを認めたので、われわれのために何とかひるむことのないように、その子に息抜きさせてやりたくて、励ましながら次のように言った。

「クレイニアスよ、その議論が君にとってなじみのない奇妙なものに見えても、驚いてはいけない。おそらく君は、お二人の客人が君に関してどのようなことをなさっているのか、気づいていないだろうからね。つまりご両人は、コリュバンテス[2]の秘儀にたずさわる人たちが、秘儀を受けさせようとする者について着座の儀式を執り行なうときにしているのとまさに同じことをしておられるのだ。なぜって、君も秘儀を受けた
E ことがあるなら、あの場合にもある種の歌舞や戯れがあるわけだからね。今もご両人は、君のまわりで歌い舞っているにほかならず、戯れながら踊っているようなものなのだ、あとで君に秘儀を受けさせるつもりでね。

　だから今は、ソフィストの聖なる儀式の最初のところを聞いているのだと見なしておきたまえ。というのも、第一に、プロディコス[3]も言っているように、名前の正しさについて学ぶ必要があるのだからね。二人の客人が君に示しているのもまさにこれなのだよ、つまり、人が始めにある事柄について何も知識をもたず、
278A 次に後になってその事柄の知識を手に入れるとき、この場合に人々は『学ぶ』と呼んでいるが、しかしすで

にその知識をもっていて、そうした知識によってその同じ事柄を、それがなされることであろうと、語られることであろうと、さらに考察する場合にも、人々は同じ『学ぶ』という言葉で呼んでいるのを君は知らなかったというわけだ——後者の場合を人々は『学ぶ（マンタネイン）』というよりむしろ『理解する（シュニエナイ）』と呼んでいるのだが、時にはそれを『学ぶ』と呼ぶこともある——、君はしかし、彼らが示しているように、この点に気づかなかったのだ。すなわち、同じ語が、知っている人と知らない人という、反対の状態にある人たちに適用されるということにね。

B また、第二の問いの場合もこれに近いものであって、この場合、彼らは君に人々は知っている事柄を学ぶ

（1）オリュンピア競技（オリンピック）のレスリングでは、三回相手を倒すことによって決着がつけられたので（『パイドロス』二五六B、「アイスキュロス『慈しみの女神たち』五八九行古註」）、三回目の勝負は最も重要で決定的なものであった（『国家』第九巻五八三B参照）。

（2）コリュバンテスとは、小アジアのプリュギア地方の大地女神キュベレの信徒たちのこと。ここの記述から知られるように、彼らは新しい入信者を座らせ、そのまわりで歌い踊って入信させたらしい。また「なぜって、君も……」という続く記述の含意から、ソクラテスもコリュバンテスの秘儀に参加した可能性があるように見える（Dodds, E. R. *The Greeks and the Irrational*, Berkeley, 1951, pp. 77–80, 邦訳『ギリシア人と非理性』岩田靖夫・水野一訳、みすず書房、一九七二年、九五—九八頁）。コリュバンテスへの言及は、『クリトン』五四D、『イオン』五三三E、『饗宴』二一五E、『法律』第七巻七九〇Dにも見える。

（3）プロディコス（前五世紀後半）はケオス島（エーゲ海南西部の島）出身の高名なソフィスト。言葉の意味を厳格に区別することで有名（『プロタゴラス』三五八A、『饗宴』一七七B）。また、同時代のソクラテスはプロディコスの講義を聴いたことがあるという（『クラテュロス』三八四B）。

(278) のか、それとも知らない事柄を学ぶのかとたずねたのだ。こうしたことは、まさに学ぶべき事柄のうちでも
戯れの部分にほかならない——だからこそぼくは君に、この人たちは戯れかけているのだ、と主張してもい
るのだが——、そしてぼくがこれを戯れと言っている理由は、たとえ人がこのようなことをいくら学んだと
しても、あるいはすべて学んだとしても、当の事柄がどうなっているかをそれだけよりよく知るようにはな
らないのであって、さまざまな語の意味の差異によって人々の足もとをすくって転倒させながら、人々に対
してただ戯れかけることができるようになるだけで、それはちょうどまさに座ろうとする人の腰掛けを下か
C ら引っぱって、人が仰向けになってひっくり返るのを見てはよろこんで笑うようなものなのだ。だからこれ
までのことは、君にとってはこの人たちからの戯れであったと見なしたまえ。

しかしこうしたことの後は、明らかに、このご両人みずからが君にまじめなことを披露してくださるであ
ろうが、ぼくの方でもご両人を先導することにしよう、彼らがぼくに約束していたことを果たしてくださる
ようにね。というのも、ご両人は説きすすめの知恵を披露するとおっしゃっていたのだからね。(1) ところが実
際は、ぼくの思うに、まずは君に対して戯れる必要があるとお考えになったのだ。

D ところで、エウテュデモスにディオニュソドロス、以上で戯れは済んだものとしてください、おそらくも
う十分でしょう。そして次にこそ、この少年に知恵と徳を心がけるべきことを説きすすめる場面を披露して
ください。しかしその前に私の方からあなたがたお二人に、それを私がどのようなものと解しているか、ま
たそれについてどのようなことを聞きたいと思っているかを披露いたしましょう。その場合もし私がそれを
素人っぽく滑稽な仕方でしているようにあなたがたに思われたとしても、どうか私のことを笑わないでくだ

E さい。というのは、あなたがたの知恵を聞きたい一心で、あえて私はあなたがたの前で即興を試みようとしているわけですから。したがって、あなたがたご自身も、お弟子さんたちも我慢して、笑わずに聞いてください。ではアクシオコスの子よ、君はぼくに答えてくれたまえ」。

八　哲学のすすめ（一）

「そもそも、すべての人間は幸せであること[2]を望んでいるだろうか。それともこの問いは、ぼくが今しがた恐れていた笑うべき問いの一つなのだろうか。なぜなら、このようなことは、問うことすらきっと愚かなことだろうからね。実際、人間のなかで、幸せであることを望まないような人がだれかいるだろうか」。

「だれもいません、そんな人は」とクレイニアスは言った。

279A 「よろしい」とぼくは言った、「それなら次の問いは、幸せであることをわれわれが望んでいる以上、どの

(1) 二七五A参照。「説きすすめの知恵（プロトレープティケー・ソピアー）」とは、次段落で知られるように、知恵の心がけ（哲学）と徳の心がけを説きすすめるための知恵、ないし技術（二八二D八参照）。

(2)「幸せであること」の原語は「エウ・プラッテイン」。その原意は「よく（エウ）なすこと（プラッテイン）」、含意は、「うまく行くこと」、「よき状態であること」、「幸せであること」。この句は、「幸福であること（エウダイモネイン）」と同義的に用いられているので（二八〇B六参照）、ここでは「幸せであること」を訳に採用したが、文脈上、原意を訳出した場合もある（二八〇C六）。

(279)

ようにすれば、われわれは幸せになれるだろうかということだ。はたしてそれは、われわれに多くの善きものがあれば、ということなのだろうか。それともこの問いは、先の問いよりもさらにばかげているだろうか。なぜなら、これもまたその通りだということは、明らかなはずだからね」。

クレイニアスは賛成した。

「さあそれなら、存在するもののうちでいったいどのようなものが、われわれにとって善きものなのだろうか。あるいは、これもむずかしいことではなく、だれか非常に偉い人でなければよくわからないといった問いでもなさそうだね。なぜって、金持ちであることは善いことだと、だれもがわれわれに言うだろうからね。そうではないかね」。

「たしかに」と彼は言った。

「それなら、健康であることも、美しくあることも、そのほか身体に必要なものが十分に備わっていることもそうだろうか」。

B

彼は賛同した。

「しかるに、生まれの善さや、自分の国における権力や名誉も善きものであるのは明らかだ」。

彼は同意した。

「それならさらに何が」とぼくは続けた、「善きものとして、われわれに残されているだろうか。節制があること、正しいこと、勇気があることというのは、はたしてどうだろうか。ゼウスに誓って、クレイニアスよ、君の考えでは、もしそれらをわれわれが善きものと認めるなら、われわれは正しく認めたことになるだろうか、それとも認めない方が正しいのだろうか。というのは、この点でおそらくわれわれに異議を唱えてくる人がいるかもしれないからね。君にはしかし、どう思われるかね」。

「それらは善きものです」とクレイニアスは答えた。

C 「よろしい」とぼくは言った、「しかし知恵は、合唱隊のどこに位置づけるべきだろうか。善きもののなかだろうか、それとも君はどう言うだろうか」。

「善きもののなかです」。

「よく気をつけてくれたまえ、善きもののうちで語るに値するほどのものは何であれ、われわれが取り残すことのないように」。

「いいえ、私に思われるところでは」とクレイニアスは言った、「何も私たちは取り残していません」。

そこでぼくは想い起こして言った、「ゼウスに誓って、われわれはどうやら善きもののうちで最大のものを取り残したらしい」。

「それは何でしょう？」と彼はたずねた。

「幸運だよ、クレイニアス。だれもがこれを、非常に低劣な者たちでさえこれを、善きもののうちで最大のものだと言っている」。

「おっしゃる通りです」と彼は応じた。

D そこでぼくはもう一度あらためて考え直して言った、「もう少しのところでぼくたちは、この客人の方々に笑い者にされるところだったよ、ぼくも君もね、アクシオコスの子よ」。

「それはいったいなぜですか?」と彼はたずねた。

「というのは、先ほどのもののなかに幸運を入れていたのに、今しがたもう一度われわれは同じものについて語っていたからだよ」。

「いったいそれはどういうことでしょうか」。

「先ほどもち出されていたもの、それをふたたびもち出して同じものを二度語るというのは、きっとお笑いぐさだろうね」。

「どういう意味でしょうか、それは?」とクレイニアスはたずねた。

「知恵は」とぼくは言った、「幸運であるはずだ。これは子どもでも知っているだろう」。

するとと彼は驚くのだった。それほど彼はまだ若くてお人好しなのだ。

そこでぼくは彼が驚いているのを認めたので、こう言った、「はたして君は知らないのだろうか、クレイニアス、笛の演奏をうまく行なうことに関しては、笛吹きたちがその幸運に最もめぐまれているということを」。


彼は賛成した。

「また」とぼくは言った、「文字の読み書きに関しては、読み書きの教師たちがそうではないかね」。

「まったくその通りです」。

「ではどうだろう。海のさまざまな危険に関しては、一般的に言って、知恵のある舵取り以上に幸運にめぐまれる者がだれかいるとは、まさか君は思わないだろうね」。

280A 「たしかに思いません」。

「ではどうだろう。従軍する場合には、君はどちらと一緒ならよろこんで危険や運命をともにするだろうか、知恵のある将軍とだろうか、それとも無知な将軍とだろうか」。

「知恵のある将軍とです」。

「ではどうだろう。病気の場合には、君はどちらと一緒ならよろこんで危険をおかすだろうか、知恵のある医者とだろうか、それとも無知な医者とだろうか」。

「知恵のある医者とです」。

「それではたして」とぼくは続けた、「君の考えでは、行動する場合には、無知な者よりも知恵のある者と一緒に行動する方が幸運である、ということになるのだろうか」。

彼は承認した。

「だとすれば、知恵というのは、あらゆる場合に人間たちを幸運にめぐまれるようにしてくれる。なぜなら、知恵はいかなる時も何かについて誤るということはけっしてないはずであって、必然的にそれは正しく行ない、成功にいたるからだ。さもなければ、そもそもそれはもはや知恵ではないだろうからね」。

九　善きものの所有と使用

B われわれは最後にようやく、どうしてそうなったのかぼくにはよくわからないのだが、次のことに同意し

(280) 合った。つまり、要するにこれはこの通りであって、知恵がそなわれば、それがそなわっている者にとってはどんな幸運をもさらに必要としないのだと。そしてこの点について同意し合ったので、ふたたびぼくは彼に、前に同意されていた事柄はわれわれにとってどうなるのだろうかとたずねたのだ。

「実際、われわれは同意したね」とぼくは言った、「もしわれわれに善きものが多くそなわるならば、われわれは幸福であり、幸せであるだろうことに」。

クレイニアスは賛成した。

「それではたして、そなわっている善きもののゆえにわれわれが幸福であるのは、それがわれわれに何も利益をもたらさない場合だろうか、それとも利益をもたらす場合だろうか」。

「利益をもたらす場合です」と彼は答えた。

C 「それではたして、それが何か利益をもたらすというのは、ただそれがわれわれにそなわっているだけで、われわれがそうしたものを用いない場合だろうか。たとえば、食べ物がわれわれにたくさんあっても、それらを食べない場合や、あるいは、飲み物があっても、それを飲まない場合に、われわれは何か利益を得ることがあるだろうか」。

「けっしてありません」と彼は言った。

「ではどうだろう? あらゆる職人が、もし彼らにそれぞれ自分の仕事のために必要なものすべてが準備されていても、それらを用いなければ、はたして彼らは、職人が所有すべきものすべてを所有しているからといって、その所有のゆえによくなす(1)のだろうか。たとえば大工は、すべての道具と十分な木材が準備されていても、大工仕事をするのでなければ、その所有から何か利益を得ることがあるだろうか」。

D 「けっしてないでしょう」と彼は言った。

「ではどうだろう、もしだれかが富や、先ほどわれわれが言っていたすべての善きものを所有していても、それらを用いるのでなければ、その場合はたしてその人は、それらの善きものの所有のゆえに幸福であるのだろうか」。

「けっして幸福ではありません、ソクラテス」。

「とすれば」とぼくは続けた、「どうやら、幸福になろうとする者は、そのような善きものを所有するだけでなく、それらを用いることもしなければならない。なぜなら(2)、その所有からは何も利益は生じないのだから」。

「おっしゃる通りです」。

E 「それでは、クレイニアスよ」とぼくは続けた、「はたして人を幸福にするには、もうこれで十分だろうか、すなわち、もろもろの善きものを所有し、それらを用いることで?」。

「私にはそのように思われます」。

(1)「よくなす」の原語は、「エウ・プラッテイン」。二七頁註(2)参照。
(2)写本通り、ὡς を読む。底本はイアンブリコスにしたがって、ἤ を読んでいる。それを採用すれば、この一文の訳は「さもなければ、その所有からは何も利益は生じないのだ」となり、「用いる」の必要性がやや強調されるかもしれない。

「どちらかね」とぼくは言った、「人が正しく用いる場合かね、それともそうでなくてもかね」。

「正しく用いる場合です」。

「よく言ってくれた」とぼくは応じた、「というのも、ぼくの思うに、どんな事物でも人がそれを正しく用いない場合の方が、それを放っておく場合よりも害が多くなるはずだからね。つまり、前者の場合は悪いけ
281A れども、後者の場合は悪くも善くもないのだからね。それとも、われわれはそのように主張しないだろうか」。

彼は承認した。

「ではどうだろう。木材に関して作業したり用いたりする場合に、正しく用いることをなし遂げるのは、よもや大工の知識以外ではあるまいね」。

「たしかにそれ以外ではありません」と彼は答えた。

「しかるに、さまざまな道具に関する作業においても、正しく、ということをなし遂げるのは知識であるはずだ」。

彼は賛成した。

「それではたして」とぼくは言った、「われわれが最初に言っていたさまざまな善きもの、すなわち、富
B や健康や美しさの使用に関しても、すべてこのようなものを正しく用いることを導き、その行為を正しくしてくれるものというのは、知識であったのだろうか、それとも何かほかのものなのだろうか」。

「知識であったのです」と彼は言った。

「とすれば、あらゆる所有と行為において、どうやら、知識が、人間たちに幸運だけでなく、善い行動をも提供するようだ」。

彼は同意した。

「それではゼウスに誓って」とぼくは続けた、「他のさまざまな所有物に、思慮や知恵が伴わなくても、はたして何か利益があるだろうか。いったい人間が利益を得るのは、分別をもたずに多くのものを所有し、多くのことをなす場合だろうか、それともむしろ[1]、わずかなものを所有し、わずかなことをなす場合だろうか。
C 次のようにして考えてみたまえ。つまりこうではないか、なすことが少なければ、その人はまちがいをおかすことも少なくなるだろうし、まちがうことが少なければ、悪くなすことも少なくなるだろう、そして悪くなすことが少なければ、その人はみじめになることも少なくなるだろう」。

「まったくです」と彼は応じた。

「それでは、一般に人が少ないことをなすのはどちらの場合だろうか、貧乏である場合だろうか、それとも金持ちである場合だろうか」。

（1）後代の書き込みと見られる底本の *νοῦν ἔχων*（分別をもちながら）を、イアンブリコスにしたがって削除する。底本通り読めば、訳文は「それともむしろ、分別をもちながら人間がわずかなものを所有し、わずかなことをなす場合だろうか」となるが、「分別をもちながら」は以下の文脈に合わない。問題となっているのは、分別をもたない場合の人間だけだからである（メリディエ）。ここでの対比は、分別をもつ／もたないの対比ではなくて、多くのもの／わずかなものの対比である（ギフォード）。

(281)

「貧乏である場合です」と彼は答えた。

「またそれはどちらだろうか、弱い場合かね、それとも強い場合かね」。

「弱い場合です」。

「またそれはどちらだろうか、名声のある場合かね、それとも名声のない場合かね」。

「名声のない場合です」。

「またそれはどちらだろうか、勇気があり節制がある場合に[1]、人は少ないことをなすのだろうか、それとも臆病な場合だろうか」。

「臆病な場合です」。

「ではまた、勤勉な場合よりもむしろ怠惰な場合に、そうなるのではないだろうか」。

彼は承認した。

D

「そして速い場合よりもむしろ遅い場合に、また見たり聞いたりするのに鋭い場合よりもむしろ鈍い場合に、そうなのではないか」。

このようなことすべてについて、われわれは互いに承認し合った。

「以上をまとめれば」とぼくは言った、「クレイニアスよ、われわれが最初に善きものであると言っていたすべてのもの[2]、それらに関する議論はこの問題、つまり、どのようにしてそれら自体はそれら自体として本性的に善きものであるのか、といった問題にかかわっているのではなくて、どうやら事情は次のようになっているようだ。すなわち、もしそれらの善きものを無知が導くならば、それらが悪い導き手にしたがうこと

E
ができればできるほど、それだけそれらの善きものはその反対のもの[3]よりもいっそう大きな悪になり、他方、思慮と知恵が導くならば、より大きな善になるのであって、そういったもののどちらの種類のものであれ[4]、それら自体はそれら自体としては、いかなる価値もないのだと」。

「そのようです」と彼は言った、「どうやら、あなたのおっしゃる通りです」。

「それでは、これまでに述べられたことから、われわれに何が帰結するだろうか。ほかでもない、他のさまざまなものはどれも善いものでも悪いものでもなくて、二つあるこれらのうち、一方の知恵は善いものであり、他方の無知は悪いものである、ということになるのではないか」。

彼は同意した。

（1）「節制がある（καὶ σώφρων）」（二八一C六）を底本通り読む。バッダムはこれを削除し、ギフォードがしたがっている。ここでの対立は勇気と臆病にかかわっているからである。また、節制があれば、「少ないことをなす」とも考えられる。メリディエは勇気と節制との一体性を示唆しているが（『ゴルギアス』五〇七B参照）、それはソクラテス的な見解であって、ここでの議論には適合しないであろう。むしろ勇気と節制は一般的な徳目としてあげられており、それらによる行為がまとめて問題にされ、思慮ないし知恵の必要性が念頭に置かれていると考えられる（『メノン』八八B参照）。

（2）すなわち、富、健康、美しさなど。

（3）すなわち、貧困、病気、醜さなど。

（4）たとえば、富や健康であれ、貧困や病気であれ。

十　知恵と幸福

282A 「ではさらに」とぼくは続けた、「残りの問題を考察しようではないか。まずわれわれはみな幸福であることを切望しているのだから、また、われわれが幸福になるのはさまざまな事物を用いること、しかも正しく用いることによると判明したのだから、そして、正しさと幸運を提供してくれるのは知識であったのだから、そうだとすれば、どうやら、すべての人はあらゆる仕方でこのことへの、すなわち、できるかぎり知恵のある者になることへの心構えがなければならない。そうではないかね」。

「そうです」と彼は応じた。

「そしてもちろん父親からは、金銭よりもこのことをはるかに多く受け取らねばならないと考えて、また
B 後見人や友人や、そのほか他国の人であろうと自国の人であろうと、とりわけ恋人と称している者たちからもそうしなければならないと考えて、ぜひとも知恵を分け与えてくれるようにと求め、懇願し、この目的のためには、美しい奉仕仕事ならどんなことにでも仕えようと思い、自分が知恵のある者になることを切望しながら、恋人に対して、あらゆる人間に対して、奉仕したり奴隷となったりすることは、いいかね、クレイニアスよ、何ら恥ずべきことでもなければ、憤慨を招くようなことでもないのだ。君にはそのように思われないかね」とぼくはたずねた。

「まったくです、おっしゃる通りでよいと私には思われます」と彼は答えた。

C 「ただしクレイニアスよ」とぼくはつけ加えた、「それは知恵が教えられるものであって、人間にひとりで

にそなわるものではない、とすればの話だがね。というのも、その点はわれわれにとってまだ考察されていないことだし、ぼくと君とによってこれまで互いに同意されてもいなかったことなのだから」。
「いいえ、私にとっては、ソクラテスよ」と彼は言った、「それは、教えられるものであるように思われます」。
そこでぼくはうれしくなって言った、「これは結構なことを言ってくれたね、この上もなくすぐれた君よ、
そして君は、知恵が教えられるものかどうかという、まさにこの問題をめぐる多大の考察からぼくを解放し
て、親切を尽くしてくれたわけだ。だから今や、君には知恵が教えられるものであり、また存在するものの
D なかで知恵だけが人間を幸福にし、幸運な者にすると思われる以上、君は、知恵を愛し求め、哲学すること
が必要であると主張するのではないだろうか、そして君自身がそれをするつもりだね」。
「もちろんです、ソクラテス」と彼は応じた、「力のかぎりそういたします」。
ぼくはこれを聞いてまたうれしくなり、「ディオニュソドロスにエウテュデモス、私の見本というのは」
と言った、「つまり、説きすすめの議論(1)はこうあってほしい、と私が望むような見本というのは以上のよう
なものなのですが、おそらくそれは素人っぽくて、長ったらしくやっとのことで語られたものでしょう。し
E かしあなたがたのうち、どちらでもお望みのかたが、これと同じことを技術によって行ない、私たちに披露
してください。けれども、それがお望みでなければ、私がやり残したところから、その続きをこの少年に披

(1)「説きすすめの議論(プロトレプティコス・ロゴス)」(二八二D六)という用語については解説一四四—一四五頁参照。

露してください。すなわち、彼はあらゆる知識を所有すべきなのでしょうか、それとも何か一つの知識があって、それを手に入れて幸福になり、善き人になるべきなのでしょうか、またその場合の知識とは何でしょうか。というのも、私が始めに申し上げましたように、この若者が知恵のあるすぐれた善き人になるというのは、私たちにとってはとても大切なことだからです」。

十一　驚くべき議論——知恵のある者になることは、滅びること

283A ところで、クリトン、ぼくは以上のことを言ったのだ。そしてその後の成り行きに非常に注意を払い、見守っていた。いったいどんな仕方で彼らは議論に取りかかるのかと、またどこから始めて、その若者に知恵と徳を修めるよう励ますのだろうかと。すると、彼らのうち年長者であるディオニュソドロスが先に議論を始めたのだが、われわれはだれもがすぐにでも何か驚くべき言葉の数々が聞けるだろうと思って、彼の方に目を向けていた。するとまさにそのことが、実際われわれに起こったのだ。なにしろ、ある驚くべき議論を、
B クリトンよ、その男はやり始めたのだからね。それは君にとって聞く値打ちのあるものだ、どれほどその議論は徳へと励ますものであったことか。

「私に答えたまえ」とディオニュソドロスは切り出した、「ソクラテスよ、そして、この若者に知恵のある者になってもらいたいと主張しているかぎりの他の諸君、君たちは冗談でこうしたことを言っているのか、それとも本当にそれを望んでいて、真剣になっているのか」。

そこでぼくは、ふと考えた。とすれば、先ほどわれわれが彼ら二人にその若者と対話するように促したと
き、彼らはわれわれが冗談を言っていると思ったのであり、そのために二人はふざけていて、真剣ではな
C かったのだと。だからこうしたことを考えたので、さらに強くぼくは言った、私たちは驚くほど真剣なので
す、とね。

するとディオニュソドロスは、「よく見たまえ、ソクラテス」と言った、「君は今、自分の言っていることを否定することになりはしないかね」。

「もう見てしまっています」とぼくは応じた、「否定することにはけっしてならないでしょうから」。

「それならどうかね」と彼はたずねた、「君たちは、彼が知恵のある者になることを願っていると主張するのだろうか」。

「もちろんですとも」。

「しかし、今」と彼は言った、「クレイニアスは知恵のある者だろうか、それともそうではないのだろうか」。

「それなら、まだそうではない、と少なくとも彼は言っています。彼はほら吹きではありませんからね」とぼくは言った。

D 「しかし君たちは」と彼は続けた、「彼が知恵のある者になって、無知な者ではないことを願っているのだ
ろうか」。

われわれは同意した。

(283)

「とすれば、君たちが願っているのは、彼がそうでない者になって、今ある者ではもはやない、ということなのだ」。

そこでぼくはこれを聞いてあたふたした。が、彼はぼくがあたふたしているところをつかまえて、「それでは、君たちは」とたたみかけた、「彼が今そうである者ではもはやなくなることを願っているのだから、君たちはどうやら、彼が滅んでしまうことを願っているのではないかね。とはいえ、自分の愛する子が滅び去ってしまうことを何より大事にするような人たち、そのような人たちは、たいへん価値のある友人であり、恋人であるだろうねえ！」。

E

十二　クテシッポスの反撃――偽ることと真実を語ること

そこでクテシッポスがこれを聞くと、自分の愛する子のために怒って言った。「トゥリオイの客人よ、こういってご無礼でなければ」と彼は切り出した、「ぼくはこう言うでしょう。『おまえの頭にふりかかれ！』[1]とね。何のおつもりか、あなたはぼくとほかの人たちについてそんな事柄をぬけぬけと偽って語っているのですからね。思うにそれは、口にするのもはばかられることなのです。ぼくがこの子に滅び去ってもらいたいと願っているなんてことは！」。

「しかしどうだろうか、クテシッポス君」とエウテュデモスが口をはさんだ、「そもそも偽ることができると君には思われるかね」。

284A

「ええ、ゼウスに誓って」とクテシッポスは答えた、「ぼくが狂っているのでないかぎりは」。

「それは、人が何であれ言明のかかわる事柄を語っている場合だろうか、それとも語っていない場合だろうか」。

「語っている場合ですよ」と彼は答えた。

「では、まさにその事柄を語っているとすれば、その人は存在するもののうちで、ほかでもなく自分の語っている当のものを語っているのではないか」。

「もちろんでしょう」とクテシッポスは応じた。

「ところで、その人の語っている当のものもまた、存在するものの一つであるはずだ、他のさまざまなものとは別のね」。

「たしかに」。

「するとその当のものを語っている人は、存在するものを語っているのではないかね」と彼は言った。

「ええ」。

「しかるに、存在するものを語り、またもろもろの存在するものを語る人は、真実を語っている。したがって、ディオニュソドロスは、まさに彼がもろもろの存在するものを語っているとすれば、真実を語っており、君について何も偽ってはいないのだ」。

（1）ふりかかるのは「滅びること」。同様の言い回しが、アリストパネス『雲』四〇行、『福の神』五二五行などに見える。

(284) B 「ええ」と彼は言った、「しかしそうしたことを語る人[1]はですね、エウテュデモスよ」とクテシッポスはつけ加えた、「もろもろの存在するものを語ってはいませんね」。

そこでエウテュデモスは言った、「だがね、あらぬものどもというのは、存在しないのではないか」。

「存在しません」。

「すると、あらぬものどもというのは、どこにもありはしないのではないか」。

「どこにもありません」。

「とすればこれらに関して、つまりあらぬものどもに関して、人が何かを行なって、その結果どんな人であろうとそんなもの[2]を、すなわちどこにもあらぬものを作り出すようなすべがあるのかね」。

「ぼくにはそうは思われません」とクテシッポスは言った。

「ならば、どうだろう。弁論家たちは民衆の集会で語るときには、何も行なってはいないのかね」。

「いいえ、行なっています」と彼は言った。

C 「ではまさに行なっているならば、彼らは作ってもいるのだろうか」。

「ええ」。

「してみれば、語ることは行なうことであり、作ることでもあるのだね」。

クテシッポスは同意した。

「とすれば、ともかくあらぬものを」とエウテュデモスは続けた、「語る人はだれもいないのだ――なぜなら、その場合にはすでに何かを作っていることになるであろうから。しかるに君は、あらぬものを作ることはだれにもできないということに同意していたのだ(3)――したがって、君の議論によれば、だれも偽りを語らないのであって、いやしくもディオニュソドロスが語っているのであれば、彼は真実を語り、もろもろの存在するものを語っているのだ」。

「ゼウスに誓ってそうですよ、エウテュデモス」とクテシッポスは言った、「けれども、彼は何らかの仕方でもろもろの存在するものを語ってはいますが、しかし実際にある通りにではありませんね」。

D 「どういう意味だね、クテシッポス君」とディオニュソドロスがたずねた、「なぜって、事物をそれがある通りに語るような人がだれかいるのかね」。

「もちろんいますよ」と彼は答えた、「美しく善き人たち、そして真実を語る人たちです」。

---

(1)「そうしたことを語る人」という表現は、「あなた」の代わりに用いられるので、ここではエウテュデモスを指しているのだとシュタルバウムは解するが、文脈からすれば、「そうしたこと」とはディオニュソドロスの発言内容に言及するものであろう。その場合、「そうしたことを語る」ディオニュソドロスは、そもそも「存在するもの」を語ってはいないとクテシッポスは見ていることになる。

(2)「そんなもの（ἐκεῖνα）」は底本のまま訳した。これを「あるようにも（καὶ εἶναι）」と修正する案がヘルマンによって出され、ギフォードやスプレイグがしたがっている。その修正にしたがえば、訳は、「その結果、どのような人であろうと、どこにもないものを、あるようにもするすべがあるだろうか」となる。しかしこれは続く二八四C四の「君は、あらぬものを作ることはだれにもできないということに同意していた」という記述と適合しないであろう。

(3)二八四B七、および前註参照。

(284)

「ならば、どうだろう」とディオニュソドロスは続けてたずねた、「善いものは善くあるのではないか、他方、悪いものは悪くあるのではないか」。

クテシッポスは承認した。

「また君は、美しく善き人たちは、事物をそれがある通りに語るということに同意するだろうね」。

「もちろん同意しますよ」。

「してみれば、クテシッポスよ」と彼は言った、「善い人たちは悪いことを悪く言うことになる、実際その人たちがある通りに語るのだとすればね」。

「ゼウスに誓って、大いにそうですよ」と彼は答えた、「ともかく悪い人間たちのことを悪く言うのですから。ぼくにしたがう気があるなら、あなたはそういった連中の仲間に入らないよう用心すべきでしょうね、善い人たちがあなたのことを悪く言わないようにね。よくご存じでしょうけれど、善い人たちが悪く言うのは、悪い連中のことなのですから」。

E

「すると大きい人たちのことを」とエウテュデモスが口をはさんだ、「彼らは大きく語り、熱い人たちのことを熱く語るのだろうか」。

「もちろん大いに」とクテシッポスは応じた、「ともかく冷たい人たちのことを冷たく語り、おまけにその連中は冷たく対話する、と彼らは言うのです」。

「君は」とディオニュソドロスは言った、「あてこすっているのだね、クテシッポス、あてこすっているのだ」。

285A 「とんでもない、ゼウスに誓ってディオニュソドロスよ、ぼくにかぎってそんなことはありません」と彼は言い返した、「だって、ぼくはあなたが大好きなのですから。むしろ、ぼくはあなたを仲間として忠告しているのです。そしてぼくが自分の最も大切にしている人たちが滅び去ってしまうのを願っているなどと、あれほど無礼にぼくの面前で二度と言うことのないように、ぼくはあなたを説得しようと努めているのです」。

十三　ソクラテスの助言――滅びることは生まれ変わること

ここでぼくは、彼らが互いに対してやや乱暴になっているように思えたので、クテシッポスをからかおうとしてこう言った、「クテシッポスよ、ぼくたちは客人の方々から、この人たちが与えようと望んでおられるなら、この人たちの語っていることを受け入れるべきであって、用語のことでとやかく争ってはならないように思われるのだ。つまり、もしこの人たちが劣悪で思慮のない者たちから、すぐれた思慮のある者たちを作るといった仕方で、人間を滅ぼし去るすべをご存じなら、そしてそのことを、すなわち、劣悪である者
B を滅ぼして、すぐれた者としてふたたび現われさせるという、何かそのような消滅や滅亡のことを、ご両人が自分で発見したにせよ、だれかほかの人から学んだにせよ、もしそのことをご存じなら――いや、明らかにご存じだ、ともかくご両人は、最近発見された自分たちの技術は、劣悪な人間から善い人間を作るんだと、こう主張しておられたわけだから――、だとすれば、ぼくたちはこの人たちにその点を認めようではないか。

(285) そして、われわれのためにこの少年を滅ぼして思慮ある者にしてもらい、また他のわれわれすべてに対してもそのようにしてもらうことにしよう。

C しかしもし君たち若者がこわがっているのなら、ちょうどカリア人で試すように、(1) その危険はぼくで試してみよう。つまりぼくは、もう老人でもあるのだから、危険を冒す用意があり、自分の身をこのディオニュソドロスに任せることにする、ちょうどコルキス人のあのメデイアに任せるようにしてね。(2) 彼にぼくを滅ぼさせよう、そしてお望みなら、ぼくを煮させよう、さらにお望みなら、何をお望みであろうと、それを彼にさせよう。ただしすぐれた者として現われさせていただくことにしよう」。

そこでクテシッポスが言った、「ぼく自身もですね、ソクラテス、この客人の方々に自分の身を差し出す用意がありますよ。たとえこの人たちが今皮を剝いでいるよりもさらにいっそう皮を剝ぎたいとしても、ぼ
D くにとってこの皮が、マルシュアスの皮のように、(3) 最後には皮袋になってしまうのではなく、徳になってくれるのでしたらね。とはいえ、ここにいるディオニュソドロスは、ぼくが彼に対して腹を立てていると思っているのです。でも、ぼくは腹なんか立てていません。むしろこのかたがぼくに対して適切に語っていないと思われる事柄に対して、ぼくは反論しているだけなのです。さあどうか、あなたは」とクテシッポスは続けた、「高貴なディオニュソドロスよ、『反論すること』を『あてこする』などと呼ばないでください。『あてこする』というのは何か別のことなのですから」。

十四　反論不可能説

そこでディオニュソドロスがたずねた、「『反論する』ということがあると思って、クテシッポスよ、君はそういった発言をしているのかね」。

E 「あたりまえでしょう、大いにありますよ」と彼は答えた、「それともあなたは、ディオニュソドロス、反論することなどありえないと思っているのですか?」。

「ともかく君はね」と彼は言った、「だれかがだれかに反論しているのをこれまで聞いたことがあるという

(1) カリアは小アジア南部地方。カリア人が傭兵や奴隷として用いられたことから(アリストパネス『鳥』七六四行)、「カリア人で危険をおかす」ということわざ的表現が生まれた(エウリピデス『キュクロプス』六五四行)。含意は「つまらぬもので危険を試す」ということ。『ラケス』一八七B参照。

(2) コルキスは黒海東側の地方。メデイアは夫イアソンの要請を受けて、イオルコス(テッタリア地方東部の国)の王ペリアスにイアソンへの償いをさせるため、王の娘たちに、父を若返らせるためには父を切り裂いて煮るべきだと信じ込ませて、それを実行させた(伝アポロドロス『ギリシア神話』第一巻第九章二七)。

(3) マルシュアスは、半人半馬(あるいは山羊)の伝説的なサテュロスないしシレノス(どちらも酒神ディオニュソスの従者)。プリュギア地方ケラナイの町(小アジア中部)に「シレノスなるマルシュアスの皮袋」というのが吊してあったと言われる。笛の名手マルシュアス(『饗宴』二一五C参照)はアポロンと音楽で争い、敗れて皮を剝がされ殺されたという(伝アポロドロス『ギリシア神話』第一巻第四章二)。皮袋は、その剝がされた皮で作られた袋(ヘロドトス『歴史』第七巻二六)。

ことを、けっして証明することはできないだろう」。

「あなたのおっしゃることは本当でしょうか」とクテシッポスは言い返した、「いや、現に今ぼくはクテシッポスがディオニュソドロスに反論しているところを聞いているので、ぼくはあなたに証明していることになりますね(1)」。

「はたして君はそのことを裏づけることもできるのだろうか」。

「もちろんですとも」とクテシッポスは答えた。

「それならどうだろうか」とディオニュソドロスはたずねた、「存在するもののそれぞれにはそれを語る言明があるだろうね」。

「たしかにあります」。

「とすれば、その言明はそれぞれのものがある通りに語るのだろうか、それともあらぬ通りにだろうか」。

286A
「ある通りにです」。

「そうなるのは、もし君が覚えているなら、クテシッポスよ」と彼は言った、「たった今も、われわれはあらぬ通りに語る者などだれもいないことを示したからである。なぜなら、あらぬものなどだれも語らないと判明したのだから(2)」。

「それがいったい、どうしたというのですか?」とクテシッポスは言った、「何かそれだけぼくとあなたとで反論し合うことが少なくなるのですか」。

「それなら、どっちだ」と彼はたずねた、「われわれ双方がどちらも同じ事物の言明を語る場合、われわれは反論し合っているのだろうか、いや、その場合にはきっと同じことを語っているのだろうね」。

クテシッポスは承認した。

「しかし、われわれのどちらもが」とディオニュソドロスは続けた、「その事物の言明を語らないとき、その場合、われわれは反論し合っているのだろうか。それとも、その場合には、われわれのどちらも、その事物にはまったく言及すらしなかったのではないだろうか」。

B

この点についてもクテシッポスは同意した。

「しかしそうだとすれば、私がその事物の言明を語り、他方、君が何か他のものについて他の言明を語るとき、その場合、われわれは反論し合っているのだろうか。それとも、私はその事物を語ってはいるが、君の方はまったく語ってさえいないのだろうか。しかるに、語っていない者が語っている者に対して、どうして反論することができようか」。

（1）底本のまま訳出した。底本はバッダムにしたがって、原文を *ἀκούων μὲν νυνί*（二八五E五）と修正しており、文意を明確にしている。しかしシュタルバウムやギフォードは、T写本の、*ἀκούωμεν νῦν εἴ* を読んでいる。その読みを採れば、文全体の訳は「いや、あなたに証明するとなれば、現に今、クテシッポスがディオニュソドロスに反論しているところを聞くことにいたしましょう」となる。

（2）二八四C参照。

(286)

十五　虚偽不可能論

そこでクテシッポスは黙り込んでしまった。だが、ぼくはその議論に驚いたので、こう言った、「どうい
C う意味でしょうか、ディオニュソドロス。実はほかでもありません、そうした議論を私はこれまでずいぶん多くの人たちから何度も聞いてきましたが、そのたびに驚いているのです——実際、プロタゴラス派の人たちも、さらにもっと以前の人たちもこの議論を大いに使っていたのです[1]。また私にとってはいつもそれは何か驚くべきものであって、他のさまざまな議論をひっくり返すばかりか、その議論自体が自分自身をひっくり返すように思われるのです[2]——、しかしその議論の真実性を、私はあなたから最もみごとに聞けるだろうと思っています。虚偽を語ることはできない、というわけですね——なぜなら、これこそがこの議論の意味するところなのですから。そうではありませんか？——つまり、語っている場合には、真実を語っているか、それとも何も語っていないか、このどちらかなのですね[3]」。

ディオニュソドロスは承認した。

D 「では、虚偽を語ることはできないが、しかしそれを思いなすことはできるのでしょうか」。

「思いなすこともできない」と彼は答えた。

「とすれば」とぼくは続けた、「虚偽の思いなしというのもまったくありえないわけですね」。

「ありえない」と彼は言った。

「とすれば、無知も、無知な人たちもありえないわけですね。あるいは、もし無知があるとすれば、次の

ことこそが無知なのではないでしょうか、すなわち、もろもろの事柄について虚偽を言うことが」。

「たしかにそうだ」と彼は応じた。

(1) プロタゴラス(前四九〇—四二〇年頃)はアブデラ(エーゲ海北部の都市)出身のソフィスト。ソフィストとしての彼の名声は絶大であり、哲学史においては「万物の尺度は人間である」という相対主義的主張で知られる(断片一、プラトン『テアイテトス』一五二A、また『クラテュロス』三八五E参照)。「プロタゴラス派の人たちも、さらにもっと以前の人たちも」というのは、やや漠然とした表現であるが、おそらくプロタゴラスを含むその仲間たちや、それ以前の流転説を唱えるヘラクレイトス(前五〇〇年頃)その他の人たちを指すのであろう(『テアイテトス』一五二E、『クラテュロス』四二九D参照)。しかし、前章の「あらぬものなどだれも語らない」(二八六A)という主張との関連では、「さらにもっと以前の人たち」としてパルメニデス(前四七五年頃)が念頭に置かれているのかもしれない(スプレイグなど)。「汝はあらぬものを知ることもできなければ、語ることもできない」と言われていたからである(パルメニデス「断片」二)。また、反論不可能説はアリストテレスによって、ソクラテス学徒であり、キュニコス派の祖として知られるアンティステネス(前四五五頃—三六六年頃)に帰せられているが(『形而上学』Δ巻第二十九章一〇二四b三二、『トピカ』第一巻第十一章一〇四b二一)、ディオゲネス・ラエルティオスは『エウテュデモス』の記述から、その説を論じた最初の人はプロタゴラスであったと見なしている(『ギリシア哲学者列伝』第九巻五三)。

(2) 反論不可能説はどんな反論をも否定するが、その説自体が一つの反論であるならば、自己否定につながるということであろう。アンティステネスがプラトンを招待して反論不可能を論じようとしたときに、プラトンが、「それなら、どのようにして君はそのこと自体について書くのかね」と言ったという逸話が伝えられている(ディオゲネス・ラエルティオス『ギリシア哲学者列伝』第三巻三五)。

(3) 『クラテュロス』四二九D—四三〇A参照。

「しかし、これはありえないのですね」とぼくは言った。

「ありえない」と彼は答えた。

「単に議論のために、ディオニュソドロスよ、この議論をあなたは語っていらっしゃるのでしょうか、まさに奇抜なことを言おうとしてですね。それとも、本当にあなたは、人間のなかには無知な人などだれもいないと思うのですか」。

E 「さっさと君は」と彼は言った、「論駁したまえ」。

「いったい、あなたの議論によれば、そんなことができるとでも？　だれも虚偽を言うことがないのに、論駁するなどということが？」。

「それはできない」とエウテュデモスが口をはさんだ。

「だとすれば、今しがた」とぼくは言った、「ディオニュソドロスは論駁するようにと命じてはいなかったのです」。

「実際、あらぬものを人はどのようにして命じることができようか。君はしかし、命じるわけかね」。

「ほかでもありません、エウテュデモス」とぼくは言った、「こうした賢い事柄や立派な事柄については、私はあまりよくわからず、やや頭のはたらきが鈍いのです。ですから、たぶん私は何かもっと俗っぽいこと
287A を言うでしょうけれども、どうかお許しください。では、見てください。すなわち、もし虚偽を言うことも、虚偽を思いなすこともできず、無知もありえないとすれば、人が何かを行なうとき、誤りをおかすこともありえないのではないでしょうか。なぜなら、行なう場合に、行なう事柄について誤るといったことはできな

いわけですから。このようにあなたがたは言っていませんか」。

「たしかに言っている」とエウテュデモスは答えた。

「その点がすでに」とぼくは続けた、「俗っぽい質問なのです。つまり、行なう場合であれ、語る場合であれ、考える場合であれ、もしわれわれが誤らないとすれば、もしこれがその通りだとすれば、あなたがたはいったい、おお、ゼウスに誓って、何の教師としてお見えになったのですか？　それとも、先ほどあなたがたは、学びたいと望む者には、徳をだれよりもみごとに授けることができると主張されなかったでしょうか」。 B

十六　虚偽不可能論のつまずき

「だからね、ソクラテス」とディオニュソドロスはその言葉を受け取って言った、「君はあまりにもクロノスなのさ[1]。最初にわれわれが言ったことを今思い起こし、もし私が昨年何か言ったのだとすれば、それも今思い起こすのだろうが、しかし肝心の現在語られている議論を君はどう扱えばよいかわからないほどだからね」。

「なにしろまた」とぼくは言った、「その議論はとてもむずかしいですしね！――当然でしょう。知恵のあ

（1）クロノスはゼウスの父であり、過去の古びた時代を意味する。含意は、「君はあまりにも遅れている」（アリストパネス『雲』九二九行参照）。

(287) る人たちによって語られているのですから――、現にまた、あなたのおっしゃっている、この最後の言葉も扱うのがたいへんむずかしい。つまり、『どう扱えばよいかわからない』という表現ですが、いったいあな
C たは何を言おうとしているのですか、ディオニュソドロス。それとも明らかにそれは、私にはその議論を論駁することなどできない、ということなのでしょうか。なぜって、言ってみてください、『私はこうした議論をどう扱えばよいかわからない』というこの表現は、あなたにとってほかに何を意図するのでしょうか」。

「いや、君の言っていることはね」と彼は言った、「それを扱うのは大してむずかしくはないね。[1] なぜって、答えてくれたまえ」。

「あなたが答える前にでしょうか、ディオニュソドロスよ」とぼくは言った。

「君は答えないのかね」と彼は言った。

「いったい、それはまた正しいのでしょうか」。

「もちろん、正しいとも」と彼は言った。

「どんな理由によるのでしょうか」とぼくはたずねた、「それとも、明らかにこういう理由によるのでしょうか、すなわち、あなたは今、議論に関する全知の人としてわれわれのところにやって来られたのであり、
D いつ答えるべきか、またいつ答えるべきでないかもご存じだということでしょうか。そして今は、答えるべきでないと知っているので、何についてもお答えにならないのでしょうか」。

「べらべらしゃべるね」と彼は言った、「答えることには無関心で。しかし、善き君よ、君は私が知者だと同意してもいるのだから、指示にしたがって答えてくれたまえ」。

「それなら、したがわなくてはなりません」とぼくは応じた、「またそれは強制でもあるようですね。あなたが支配しているわけですから。さあ、質問してください」。

「それでは、意図しようとするものたちは、魂をもっているからこそ意図しようとするのか、それとも魂なきものでもそうするのだろうか」。

「魂をもつものがそうするのです」。

「では君は、魂をもっている表現などというのを知っているかね」。

「ゼウスに誓って知りません、私としては」。

E 「ではなぜ先ほど君は、あの表現が私にとって何を意図するのか(2)とたずねたのかね」。

（1）この一文は写本（乱れあり）通り読めば、「それを扱うのはとてもむずかしい」となって、文脈に適合しない。底本はこの文全体を削除している（その場合、前後の訳は、「いや、君の言っていることだ、なぜって、答えてくれたまえ」となる）が、以下の「意図する」に関する議論にうまくつながらない。ここでは写本を保持し、定冠詞（τῷ）を否定表現「ない（γ᾽οὐ）」（二八七C三）に変更したバッダムの修正案（大方の読み）を採用した。その場合、「君の言っていること」は前文のソクラテスの発言を受けると見られるが、ディオニュソドロスとしてはむしろ「意図する」というソクラテスの表現を念頭に置いているのであろう（ギフォードなど）。

（2）一連の「意図する」の原語「ノエイン」（原意は「ヌース（知性）」をはたらかせること）は、気づく、考える、意図する、意味する、といった広い意味合いをもつ動詞。これをソクラテスは先の発言で「意味する」の含意で使っていたのに、ディオニュソドロスはここでは「考える」の含意で使って、ソクラテスの不合理を主張している。原語は一貫して「ノエイン」なので、訳語も「考える」と「意味する」の両方を含みうる「意図する」を一貫して採用した（ロウブ叢書のラム訳など）。

「ほかでもありません」とぼくは言った、「それは、私がとんまのせいで誤りをおかしたというのでなければ何でしょう。それとも、私は誤りをおかしたのではなく、その表現が意図すると言ったとき、私がそう言ったのは正しかったのでしょうか。あなたの主張では、私は誤りをおかしているのでしょうか、それともおかしていないのでしょうか。というのは、もし私が誤りをおかさなかったとしたら、たとえあなたが知者であっても、あなたが私を論駁し去ることもないでしょうし、またあなたはその議論をどう扱えばよいかもわからないはずですから。

288A 他方、私が誤りをおかしたとすれば、誤りをおかすということはありえないとあなたが主張なさったとき、そのようにあなたが言うのも正しくないのです。そしてこのようなことを私は、昨年あなたが語った事柄に対して言っているのではありません。そうではなく、どうやら」とぼくは続けた、「ディオニュソドロスにエウテュデモス、この議論は同じところに留まっていて、なおも昔のもの[1]と同様、投げ倒しながらころんでいるようですね。ですからまた、そんな目に遭わないようにすることは、あなたがたの技術によっても、まだ発見されていないようですね。言葉の厳密さにかけて、何とこれほどまでに驚嘆すべき技術なのに！」。

そこでクテシッポスが口をはさんだ、「いやはや、たまげたことをあなたがたは言うのですね、トゥリオ
B イのかたよ、いやキオスのかたよ、いやどこのかたであろうと、どのようにでも好きなようにお呼びいたし
ましょう。なにしろ、あなたがたはたわごとを言おうと、全然気になさらないのですからね」。

そこでぼくは罵り合いになるのではないかと恐れて、ふたたびクテシッポスをなだめようとして言った。

「クテシッポスよ、さっきもぼくがクレイニアスに言ったことだが、その同じことを君に対しても言うこ

C とにする。つまり、君はこの客人がたの知恵が驚嘆すべきものであることを知らないのだ。いや、お二人はわれわれに真剣になって披露しようと望んでいるのではなくて、むしろあのエジプトのソフィストであるプロテウス(2)を真似て、われわれをたぶらかしていらっしゃるのだ。だからわれわれはメネラオス(3)を真似ることにしよう、そしてみずからが真剣になっておられる方面で、われわれにその姿を現わしてくださるようになるまで、お二人を手放さないようにしよう。というのも、ご両人が真剣になり始めるといつでも、ご両人から何かまったく美しいものが現われ出てくるだろうと思うからね。

さあ、お二人がその姿を現わしてくださるよう、お願いし、お勧めし、お祈りすることにしよう。そこで、お二人がどんな人たちとしてぼくに現われるよう祈っているか、これをふたたびぼく自身が示すのもよいよ

(1) プロタゴラスやそれ以前の人々の議論を指すのであろう。二八六C参照。

(2) プロテウスはエジプトのパロスと呼ばれる島に住み、海神ポセイドンに仕える不死なる老人の神。あらゆる海の深淵を知ると言われるが（ホメロス『オデュッセイア』第四歌三八四行以下）、ここではプロテウスの千変万化する姿が念頭に置かれている。説明をころころ変える人をプロテウスにたとえる例については、『エウテュプロン』一五D、『イオン』五四一E参照。一方、姿を変えるプロテウスの物語は、『国家』では偽りとして批判されている（第二巻三八一D）。

(3) トロイア戦争からの帰途、スパルタの王メネラオスと三人の部下たちがプロテウスを捕らえようとしたときの記述は次の通り。「しかし翁（プロテウス）の方も得意の詐術を忘れず、まずたてがみも見事な獅子に変身し、続いては大蛇に、豹に、さらには大猪に身を変える。さらにはまた流れる水に、樹葉茂る巨木にもなった。しかしわれらはたじろがず、じっとこらえて手を離さなかった」（ホメロス『オデュッセイア』第四歌四五五—四五九行、松平千秋訳）。

(288) D うに思われる。つまり、以前にやり残したところから始めて、それに続くところを、力のおよぶかぎり進んでゆくようにぼくは努めよう。もし何とかしてお二人を喚起して、懸命になり真剣になっているこのぼくを憐れみ、かわいそうに思って、ご両人自身が真剣になってくださるのであればね」。

十七　哲学のすすめ（二）

「君はしかし、クレイニアスよ」とぼくは言った、「あの時われわれがやり残したのはどこからだったかを、ぼくに思い出させてくれたまえ。たしか、ぼくが思うには、どこかこういうところからだった。つまり、知恵を愛し、哲学すべきである、とわれわれは最後のところで同意し合ったのだ[1]。そうではないかね」。

「そうです」と彼は言った。

「ところで、哲学とは知識の獲得である。そうではないだろうか」とぼくはたずねた。

「そうです」と彼は答えた。

「それなら、いったいどんな知識を獲得したなら、われわれは正しく獲得することになるだろうか。はた
E してこれは簡単なことではないか、すなわち、その知識とはわれわれを益するような知識である、と」。

「まったくです」と彼は応じた。

「それでは、もしわれわれが歩き回って、大地のどこに黄金が最も多く埋められているかを認知する知識をもっているなら、はたしてそれは何かわれわれを益するだろうか」。

289A

「おそらく益するでしょう」と彼は答えた。

「しかし先ほど[2]」とぼくは言った、「われわれは少なくとも次の点を吟味検証したのだ、つまり苦労せず、大地を掘ることもなく、すべての黄金がわれわれのものになったとしても、それだけでは何にもならないとね。だから、岩を黄金にすることをわれわれが知っていても、その知識は何の値打ちもないだろう。なぜなら、さらに黄金を用いるすべをわれわれが知らないようなら、その黄金には何の益もないことが判明したのだから。それとも、君は覚えていないかね」とぼくはたずねた。

「たしかに、覚えています」とクレイニアスは答えた。

「ところで、どうやら、他の知識も何の益もないことになるようだ。金儲け術であろうと、医術であろうと、他のどんな技術であろうと、その技術が何かを作ることを知っていても、自分の作るものを用いるすべを知らないとすればね。そうではないだろうか」。

B

彼は賛成した。

「またともかく、人を不死にするほどの知識が何かあるとしても、その不死を用いるすべを知ることがなければ、その知識には何の益もないようだ[3]。これまでに同意された事柄によって何ごとかを結論すべきだとすればね」。

---

(1) 二八二D。

(2) 二八〇B—D。

(3) 使用知の重要性と優位については、『クラテュロス』三九〇B—C、『国家』第十巻六〇一D—E参照。

(289) こうしたことすべてについてわれわれの見解は一致した。
「とすれば、われわれにとっては、何か次のような知識が必要なのだ、美しい少年よ」とぼくは言った、「すなわち、作ることと同時に、自分が作るものを用いるすべを知っていることが、内部で落ち合って一緒になっているような知識がね」。

「そのようです」と彼は言った。

「だとすれば、どうやら、われわれは竪琴制作者になって、何かそのような知識の獲得者でなければなら
C ない、というのでは全然だめなようだね。なぜなら、この場合、作る技術と用いる技術は、同じものにかかわっていても、まさに別々に分割されてしまっているのだから。実際、竪琴制作術と竪琴の演奏術とは互いに大きく異なっている。そうではないだろうか」。

彼は賛成した。

「また、笛制作術というのも明らかに、われわれは必要としない。なぜなら、この技術もまた別の種類のそういった技術だからね」。

彼の考えも同じだった。

「しかしゼウスに誓って」とぼくは言った、「もしわれわれが弁論制作術[1]を学んだなら、はたしてその技術は、われわれがそれを所有して幸福になるはずのものであったのだろうか」。

「そうではない、と私は考えます」とクレイニアスは答えて言った。

D 「どんな証拠を君は用いるのかね」とぼくはたずねた。

「私の見るところでは」とクレイニアスは言った、「ある弁論制作者たちは、自分が作るところの、自分自身の弁論を用いるすべを知らないのです、それはちょうど竪琴制作者たちが竪琴を用いるすべを知らないのと同様であって、この弁論制作の場合においても、彼らが作り上げた弁論を用いることができるのは他の人たちなのですが、その人たち自身はといえば、弁論を作ることができません。ですから明らかに、弁論に関しても、作る技術と用いる技術は別々なのです」。

「十分な証拠を」とぼくは言った、「君は語っているようにぼくには思える、つまり弁論制作者たちの技術
は、それを獲得しても人が幸福になれるようなものではない、ということの証拠をね。とはいえ、ぼくはこ
E の場合なら、われわれが先ほどからずっと探し求めているまさにその知識がたぶん現われるだろうと思って
いたのだよ。なにしろ、弁論制作者たちというのは、彼らとつき合ってみるとぼくにも、その人たち自身が、
クレイニアスよ、ずば抜けて知恵があるように、また彼らの技術そのものも何か神妙で崇高なものであるよ
うに思われるのだから。もっとも、これは驚くべきことでも何でもない。なぜなら、その技術はまじない師
290A たちの技術の部分であって、それよりやや劣る程度のものなのだから。実際、まじない師たちの技術は、毒

(1) 原語は「ロゴポイイケー」、原意は「話を作る技術」。実際には、弁論を代作する技術を意味する言葉であり、「弁論代作術」とも訳しうる。「弁論代作人（ロゴグラポス）」という語が、『パイドロス』二五七Cに見えるが、「ロゴグラポス」の原意は、「話を書く人」。ここではしかし、「作る」と「用いる」との対比の文脈に適合するように、「書く」ではなく「作る」の系列の語が使われていると考えられる（ホートリー）。

(290)

へびや蜘蛛やさそり、またそのほかの野生の動物たちを魅惑し、さまざまな病気をも鎮めるものなのだが、他方、その技術の方は、裁判員や民会議員、またその他の群衆たちを魅惑し、納得させるものなのだ。それとも君には」とぼくはたずねた、「何か違うように思われるかね」。

「いいえ、私には」と彼は答えた、「あなたのおっしゃる通りに見えます」。

「それでは」とぼくは言った、「われわれはさらにどこへ向かうことができるだろうか。どのような技術へ向かえばよいのか」。

「私にはよくわかりません」と彼は言った。

「しかし」とぼくは言った、「ぼくの方は発見したように思う」。

「それは何でしょう?」とクレイニアスはたずねた。

B

「将軍術というのは」とぼくは切り出した、「何にもまして、それを人が獲得したなら幸福になれるような技術であるとぼくには思われる」。

「私にはそうは思われません」。

「どうして?」とぼくは言った。

「ともかくこれは、一種の人間狩猟の技術なのです」。

「いったい、どういうことかね?」とぼくはたずねた。

「狩猟術そのものはどれも」とクレイニアスは答えた、「狩猟して手に入れるだけであって、それ以上のものではありません。つまり、自分が狩猟するものを手に入れたときはいつでも、それを用いることができず、

C 猟師や漁夫たちはそれを料理人たちに手渡すのであって、他方また、幾何学者や天文学者や算術家たちは——実際、この人たちもまた狩猟家なのです。なぜなら、この人たちのそれぞれは図形を作るのではなくて、さまざまな存在を発見するからです——、だから彼ら自身はそれらを用いるすべを知っているわけではなく、ただ狩るすべを知っているだけなのですから、問答家たち（ディアレクティコイ）に自分たちの発見したものを使ってもらうよう手渡すはずです、少なくとも彼らのうちまったくの愚か者でないかぎりの人たちは」。

「よろしい、この上もなく美しく、この上もなく知恵のあるクレイニアスよ」とぼくは言った、「それはその通りだろうか」。

D 「もちろんですとも。将軍たちもまた」と彼はつけ加えた、「同じようにそうなのです。彼らはある国なり軍隊なりを狩るといつでも、政治家の人たちに手渡します——なぜなら、彼ら自身は自分たちの狩ったものを用いるすべを知らないからです——思うに、それはちょうど、うずら取りがうずら飼いに手渡すようなものなのです。そこでもし」と彼は続けた、「作ったり狩ったりして獲得したものが何であれ、それを用いることもみずから知っているような、そうした技術を私たちが必要としているのであれば、そしてそのような技術こそ私たちを幸せにしてくれるのであれば、その場合、将軍術ではなく、何か他の技術をこそ」と彼は言った、「探し求めなくてはなりません」。

(1)『国家』第六巻五一一B—D、また解説一七〇頁参照。

十八　王の技術

E クリトン　君は何を言っているのかね、ソクラテス。あの子がそんなことを口にしたのか？

ソクラテス　信じないのかね、クリトン。

クリトン　ゼウスに誓って、とても信じられないね。実際、彼がそんなことを言ったのなら、教育のためにエウテュデモスも、さらには他のどんな人も必要でないとぼくは思う。

ソクラテス　いやそれなら、ゼウスに誓って、それを言ったのはクテシッポスだったかもしれないのだが、ぼくはよく覚えていないのだよ。

291A クリトン　おや、どんなクテシッポス？

ソクラテス　でも、たしかにこれだけはぼくはよくわかっている、つまり、それを言ったのはエウテュデモスでもディオニュソドロスでもなかったということさ。いやむしろ、神妙なクリトンよ、そのことを口にしたのはその場に居合わせた、もっとすぐれた方々[1]のだれかかもしれないね。ともかく、それをぼくが聞いたということだけは、よくわかっている。

クリトン　ゼウスに誓ってそうだとも、ソクラテス。たしかに、もっとすぐれた方々のだれか、それもたいへんすぐれたお方[2]だとぼくには思われる。しかしその後さらに、君たちは何らかの技術を探し求めたのかね。そして、君たちは探し求めていたお目当ての技術を発見したのかね、それとも発見しなかったのか。

B ソクラテス　いったいどこからわれわれが発見したというのだ、幸せな君よ。それどころか、われわれは笑止千万だったね。まるでひばりを追いかける幼い子どもたちのように、われわれはそうした知識の一つ一つをすぐにでも捕まえられるだろうとずっと思っていたのだが、いつもそれらはさっと逃げ去るのだった。ところで、なぜ多くを君に話すことがあろう。いや、まさに王の技術のところにやって来て、その技術を徹底的に考察し、それが幸福を提供し、達成する技術であるかどうかを見きわめているときに、そこにおいてわれわれはまるで迷宮に陥ったかのようになって、すでに終わりにいるかと思えば、ふたたびぐるりと回ってまるで探求の始めにいるかのように、最初に探求していたときと等しいだけのものをわれわれは必要としているのだということが判明したのだよ。

C

クリトン　いったいどうして君たちはそんな顚末になったのかね、ソクラテス。

ソクラテス　ぼくが話してあげよう。つまりまず、ぼくたちには政治術と王の技術とが同じものであると思われた。

クリトン　それでいったいどうなるのかね？

ソクラテス　将軍術や他のもろもろの技術は、この技術だけが用いるすべを知っていると見なして、この技術にこそ、それぞれの技術自身が作り手となって産み出すさまざまな成果を支配してもらうように手渡す

（1）「もっとすぐれた方々」とは、人間よりすぐれた存在、すなわち神的な存在や神々を指す表現（『ソピステス』二一六B四、『法律』第四巻七一八A五参照）。

（2）ソクラテスのことが念頭に置かれているのであろう。

D (291)

ということなのだ。そこで明らかに、この技術こそわれわれの探し求めていたものであり、国家においてものごとを正しくなすことの原因なのだと、そして文字通りアイスキュロスのイアンボス調の詩句のように(1)、これだけが国家の艫《とも》に座して、すべてを舵取り、すべてを支配し、すべてを有益なものにするのだと、このようにわれわれには思われたのだ。

クリトン　それで適切だと君たちに思われたのではないだろうか、ソクラテス。

十九　行きづまり

ソクラテス　君が判定すべきだろう、クリトン、もし君がこういったことの後にわれわれに起こったいろいろなことも聞く気があればね。実際、あらためてまた、われわれは何か次のような仕方で考察しようとしたのだ。

E

「さあどうだろう、すべてを支配する王の技術というのは、われわれに何らかの成果を達成するのだろうか、それとも何も達成しないのだろうか」。「もちろん達成する」とわれわれは互いに言い合った。君もそう言うのではないだろうか、クリトン。

クリトン　ぼくもそう言うよ。

ソクラテス　それなら、その技術の成果とは何であると君は主張するのだろうか。たとえば、もしぼくが君に、医術はそれが支配するものすべてを支配する場合、どんな成果を提供するのか、と問うならばどうだ

292A

ろう。それは健康だと、君は主張するのではないだろうか。

クリトン　ぼくとしてはそうだ。

ソクラテス　ではどうだろう、君たちの技術である農業は？　その技術は、それが支配するものすべてを支配する場合、何を達成するのだろうか。大地からの食糧をわれわれに提供するのだと、君は主張するのではないだろうか。

クリトン　ぼくとしてはそうだ。

ソクラテス　ではどうだろう、自分が支配するものすべてを支配する王の技術は？　それは何を達成するのだろうか。おそらく君はあまりよくわからないだろう。

クリトン　ゼウスに誓って、よくわからないね、ソクラテス。

ソクラテス　実際、ぼくたちもよくわからなかったのだ、クリトン。しかし君は少なくともこの点だけは知っている、つまり、いやしくもその技術がわれわれの探し求めているものであるならば、それは有益なものでなければならぬ、ということだ。

(1) イアンボス調とは短長脚の韻律。アイスキュロス『テーバイ攻めの七将』冒頭に、オイディプスの子でありテーバイ王であるエテオクレスの、「カドモスの民らよ、国の艫にあって舵を取り、行く手を守る者は、時宜に適ったことを言わねばならぬ」というせりふが見える。この詩句がソクラテスの念頭に置かれているのであろう。

(292) クリトン　たしかにそうだ。

ソクラテス　それでは、少なくとも何か善きものをその技術はわれわれに手渡さなくてはならないだろうね。

クリトン　それは必然だ、ソクラテス。

B ソクラテス　しかるに、善きものとはある種の知識にほかならない、ということにぼくとクレイニアスは互いに同意し合ったはずだ(1)。

クリトン　そうだ、そのように君は言っていた。

ソクラテス　そこで、人が政治術に属すると主張するような他のさまざまな成果——またそうしたものは、たとえば、国民を金持ちにするとか、自由な者にするとか、争わない者にするとか、たくさんあるだろうが——それらすべては悪いものでも善いものでもないと判明したのだが(2)、実際もしその技術が国民に利益をも

C たらし、国民を幸福にするものであったならば、それは彼らを知恵のある者にし、知識を分け与えるべきものだった。

クリトン　その通りだ。あの時ともかく君たちは、ちょうど君がその議論を今伝えてくれたような仕方で同意し合った。

ソクラテス　それではたして、王の技術は人々を知恵のある者にし、すぐれた善き人にするのだろうか。

クリトン　どうしてそうでないことがあろう、ソクラテス。

ソクラテス　しかしはたしてその技術はあらゆる人々を、あらゆる点ですぐれた善き人にするのだろうか。

そして、あらゆる知識を、つまり靴作りの知識や大工の知識や、その他あらゆる知識を、その技術は手渡す

ものなのだろうか。

クリトン　ぼくはそうは思わないよ、ソクラテス。

D ソクラテス　しかしそれなら、どんな知識をそれは手渡すのだろうか。その知識をわれわれは何に用いる
のだろうか。というのも、その技術自体は、悪いものでも善いものでもないどのような成果の作り手であっ
てもならず、また自分自身以外のいかなる知識も手渡してはならないのだからね。そうだとすれば、その技
術はそもそも何であるのか、われわれはそれを何に用いるのだろうか、この点を語ることにしようではない
か。われわれはその技術によって、クリトン、他の人々をすぐれた善き人たちにしてゆくのだと、こう主張
してよいだろうか。

クリトン　もちろんだとも。

ソクラテス　その人たちはいかなる点でわれわれにとって善き人なのだろうか、そしていかなる点で有用
な人なのだろうか。それともさらに、その人たちは他の人を善き人にし、またそれら他の人は別の他の人を
E そのようにしてゆく、とこのようにわれわれは言うべきだろうか。だが、そもそもどんな点でその人たちは
善き人なのか、この点はわれわれにはけっして明らかになっていないのではないか、なにしろ政治術に属す
ると言われていたさまざまな成果をわれわれは却下したのであって、むしろまさしくことわざの「ゼウスの

（1）二八一E参照。「ある種の知識」という限定的な表現については、二八二E参照。

（2）二八一D—E

子コリントス」[1]のむなしい事態が生じており、ぼくが言っていたように、われわれを幸福にしてくれるであろうあの知識がいったい何であるかを知るためには、これまでと等しい議論、いやさらにもっと多くの議論がわれわれには必要となるのだからね。

クリトン　ゼウスに誓って、ソクラテス、君たちはどうやら、たいへんな行きづまりに立ちいたったようだね。

ソクラテス　だからぼくとしては自分でも、クリトンよ、このような行きづまりの状態に陥ってしまった
293A 以上、今やありったけの声を張りあげて、ちょうど双子神ディオスクロイ[2]に助けを呼び求めるようにして、二人の客人に対して、われわれを、つまりぼくとこの少年を議論の第三の波[3]から救い出してください、そしてあらゆる仕方で真剣になってください、そして真剣になったうえで、それを手に入れたならわれわれが残りの人生を美しく過ごすことのできるような、その肝心の知識とはいったい何であるのかを示してください、とこのようにお願いしたのだ。

クリトン　それでどうなったのかね？　何かを君たちに示そうとしたのかね、エウテュデモスは？

ソクラテス　もちろんさ！　彼はね、友よ、とても誇らしげに次のような仕方で議論を始めたのだ——。

二十　ソフィスト兄弟の全知——星の数も砂の数も知っている

B 「それでは、ソクラテス」とエウテュデモスは切り出した、「さっきから君たちが行きづまって途方に暮れ

ているその知識を君に教えてあげようか、それともそれを君がもっていることを示すことにしようか」。「これは幸いなる人よ！」とぼくは声をあげた、「あなたにできるのでしょうか、そのようなことが？」。「あたりまえさ」と彼は言った。「それならゼウスに誓って、私がその知識をもっていることを示してください」とぼくは言った、「なぜなら、こんな年齢の者は学ぶよりその方がずっと楽なのですから」。「さあそれでは、私に答えてくれたまえ」と彼は言った、「君が知っているものが何かあるだろうか」。「ありますとも」とぼくは答えた、「たくさんの、こまごまとした事柄をね」。「それで十分だ」とエウテュデモスは言った、「ではたして君には、何か存在するものが、実際にそれで

（1）古註によれば、コリントスの植民地メガラが反乱を起こしたとき、コリントスがメガラに使節を派遣して不満を述べた際、メガラの神話的な建国者コリントスの権威に訴えて、「メガラ人が相応の罰を受けなければ、ゼウスの子コリントスは苦しむであろう」とくり返し説いたが、功を奏さなかった。「ゼウスの子コリントス」とは口ほどにもない、むなしい反復、ないしたわごとを意味する表現。
（2）ディオスクロイとは「ゼウスの（ディオス）子たち（クロイ）」の意味。スパルタの王妃レダがゼウスと秘かに交わって産んだ双子（カストルとポリュデウケス）のことであり、海の守護神（『ホメロス讃歌』一七、三三「ディオスクロイへの讃歌」参照）。
（3）第三の波とは、最も大きな波を意味する（『国家』第五巻四七二A、四七三C参照）。

C (293)

あるところの、その当のものではありえないと思われるかね」。

「いいえ、ゼウスに誓って、私にはそうは思われません」。

「それなら君は」と彼は言った、「何ごとかを知っているのではないかね」。

「知っていますとも」。

「それでは」と彼は続けた、「まさに君がそれを知っているとすれば、君は知っている者ではないかね」。

「たしかにそうです、まさにその何ごとかについては」。

「その点はどうでもよろしい。むしろ、ともかく君が知っている者であるなら、君はあらゆるものを知っているのが必然ではないか」。

「いいえ、ゼウスに誓って、そうではありません」とぼくは言った、「ほかの多くの事柄を私は知らないのですから」。

「では、君が何ごとかを知っていないとすれば、君は知っている者ではないのだ」。

「ええ、少なくともその知らないものに関しては、親しい人よ」とぼくは応じた。

D

「それで少しでも違ってくるのかね?」と彼は続けた、「君が知っている者でないってことが。先ほどはしかし、君は自分が知っている者だと言っていた。とすれば、そのようにして君自身は、君がそうであるところの者であり、また他方で今度は、君はそうであるところの者ではないのだ、同時に同じ事柄に関してね」。

「いいでしょう、エウテュデモス」とぼくは言った、「ことわざよろしく、あなたのおっしゃっていることは、『万事結構ずくめ』なのですから[1]。それなら、私たちが探し求めていたあの知識というのは、これを私はどのようにして知っているのでしょうか。いやはや、同じものが、そうでありかつそうであらぬ、ということは不可能なわけですから、実際もし私が一つのことを知っていれば、私はすべてを知っているのでしょう――なぜなら、私が知っている者であると同時に、知らない者であることはできないのですから――、しかるにすべてを私は知っているのですから、私はたしかにあの知識をもっていることになる。はたして、このようにあなたはおっしゃっているのでしょうか、そしてこれが例の知恵というものなのでしょうか」。

E 「君自身が、ほかならぬ君自身をすっかり論駁しているわけだね、ソクラテス」と彼は言った。

「しかしどうでしょう、エウテュデモス」とぼくはたずねた、「あなたは同じこの事態をこうむっていませんか。実際、私はあなたと一緒なら、そしてこの親愛なる御仁、ディオニュソドロスと一緒なら、どんな目

（1）BTWの写本にしたがって、*πάντα λέγεις* を読む。底本はポティオス（九世紀の文献学者、コンスタンチノープルの大主教）にしたがって *παταγεῖς* を採用している。それを読めば、この一文の訳は、「あなたは『結構なことをべらべら』しゃべっていますから」となる。他方、T写本の古註は、*παντ᾽ ἄγεις* としている。これを読めば、訳は、「あなたの導入しているのは『万事結構ずくめ』ですから」となる。どの読みもアイロニカルな含意をもち、基本的な文意は変わらないであろう。ここでは「万事結構ずくめ（*καλὰ πάντα*）」をことわざ表現と考えて、写本の読みを採用した。ヘロドトスに「万事結構ずくめで一生を終える」という表現が見える（『歴史』第一巻三二）。

に遭おうとも、けっして不平を漏らさないでしょう。どうか私に言ってください、あなたがたご自身は、存在するもののうち、あるものは知っているけれども、あるものは知らないのではありませんか」。

「そんなことは少しもない、ソクラテス」とディオニュソドロスが口をはさんだ。

「どういう意味でしょう?」とぼくはたずねた、「それなら、あなたがたは何も知らないのでしょうか」。

「とんでもない」と彼は答えた。

294A 「とすれば、すべてをあなたがたは知っているのですね」とぼくは言った、「何らかのことを知っている以上は」。

「すべてを知っているのだ」と彼は言った、「そして君もまた、たとえ一つのことでも知っているなら、すべてを知っているのだ」。

「これはゼウスよ!」とぼくは声をあげた、「何と驚くべき、何と大きな善があらわになったとあなたはおっしゃるのでしょう! まさか、他のすべての人たちも、すべてを知っているか、何も知らないかのどちらか、というわけではないでしょうね」。

「実際たしかに」と彼はつけ加えた、「彼らがあるものは知っているが、あるものは知らないとか、また彼らが知っている者であると同時に知らない者であるとか、そんなことはないはずだ」。

「しかしそれなら、どうなるのでしょう?」とぼくはたずねた。

「すべての人は」と彼は言った、「すべてを知っているのだ、まさに一つでも知っていればね」。

B 「おお、神々に誓って、ディオニュソドロスよ!」とぼくは呼びかけた、「というのは、私にはすでに、お二人が真剣であるのは明らかなのですから。もっとも、あなたがたを喚起して真剣になっていただくのはやっとのことでしたけれどもね――、あなたがたご自身は本当にすべてのことを知っているのですか。たとえば、大工の技術とか靴作りの技術とかを」。

「もちろんさ」と彼は答えた。

「いったい、あなたがたは靴の皮を縫うこともできるのでしょうか」。

「ゼウスに誓って、靴底を縫い合わせることもできるね」と彼は言った。

「はたしてこういったこともですか？　星の数がどれだけあるかや、砂の数も知っているのですか」。

「もちろんさ」と彼は答えた、「いったい君は、われわれが同意しないだろうとでも思っているのかね」。

c

二十一　いつでもすべてを知っている

そこでクテシッポスが口をはさんで、「ゼウスに誓って、ディオニュソドロスよ」と言った、「以上のことについて、あなたがたが真実を語っていらっしゃるのだということがわかるような、そういった証拠をぜひ私に示してください」。

「何を示すべきだろうか」と彼はたずねた。

「あなたはエウテュデモスが歯を何本もっているか知っていますか、またエウテュデモスもあなたが歯を何本もっているか知っているのですか」。

(294) 「君には十分ではないのだね」と彼は言った、「すべてをわれわれは知っている、と聞くだけでは」。

「まったくもって十分ではありませんね」とクテシッポスは言い返した、「いや、なおもこの点だけは私たちに言ってください、そして示してください、あなたがたが真実を語っているのだということを。そしてもしあなたがたが互いに歯を何本もっているかを語り、私たちが数えあげたうえで、あなたがたが知っていると判明したなら、もう私たちは、他のことについてもあなたがたを信用してあげますよ」。

D そこで、二人はからかわれていると思って、答えようとしなかったが、クテシッポスに問われて、一つ一つのことに関して、すべて何でも知っているのだと同意した。実際、クテシッポスはとてもあけすけに最後まで何もかもたずね、非常に恥ずかしいことまで、二人が知っているかどうかをたずねたのだ。ところが二人は、ちょうど加えられる打撃に立ち向かって突き進んでゆく猪のように、きわめて勇敢にそれらの問いに立ち向かい、知っていると同意したのだが、その結果ぼく自身も、いやはやクリトンよ、不信の念を抱き、とうとう最後には、ディオニュソドロスが踊ることまで知っているのかどうか、たずねざるをえなかったのだ。彼はしかし、「もちろん知っているさ」と答えた。

E 「まさかあなたは」とぼくは言った、「その年齢で、短剣に向かってとんぼ返りしたり、車輪に乗って旋回したりできるほど、それほど遠くまで知恵において進んではいないでしょうね」。

「知らないものは何もないね」とディオニュソドロスは応じた。

「しかしどちらでしょう」とぼくはたずねた、「あなたがたはすべてを今だけ知っているのですか、それともつねに知ってもいるのですか」。

295A
「つねに知ってもいるね」と彼は答えた。

「幼い子どもであったときも、生まれてすぐも、あなたがたはすべてを知っていたのですか」。

二人ともそうだと同時に言った。

そこでわれわれにはそのことは信じられないように思われた。が、エウテュデモスは、「君は信じないのかね、ソクラテス」と言ってきた。

「ええ、ただし」とぼくはつけ加えた、「あなたがたが知恵のある人たちらしい、という点は別なのですが」。

「しかしもし」とエウテュデモスは言った、「君が私に答える気があるなら、私はこれらの驚くべき事柄に、君もまた同意するのを示すことになろう」。

「けっこうですとも」とぼくは言った、「私はこうしたことについて論駁されるのが、何よりうれしいのです。なにしろ実際、もし自分が知者であることに気づかないでいるのに、あなたがその点を、つまり、私がすべてをつねに知っているということを示してくださるなら、私は生涯において、これより大きなどんな儲け物を見つけられるでしょうか」。

二十二　君もすべてを知っていたのだ！

「では、答えたまえ」とエウテュデモスは切り出した。

(295) B 「答えるつもりですから、たずねてください」。
「それではたして、ソクラテス」と彼は言った、「君は何ごとかを知っている者であるのだろうか、それともそうではないのだろうか」。

「私としてはそうです」。

「では君は、自分がそれによって知っている者となっている当のもの、そのものによって君は知りもするのだろうか、それとも何か別のものによってであろうか」。

「知っている者となっている当のものによってです。というのも、私の思うに、あなたは魂のことを言っているのでしょうから。それともこれを言ってはいないのですか?」。

「恥ずかしくはないのかね、ソクラテス」と彼は言った、「君はたずねられているのに、たずね返すつもりかね」。

「いいでしょう」とぼくは言った、「しかし私はどうすべきでしょうか。実際、私はあなたの命じる通りにいたしますから。あなたが何をたずねているのかわからないときに、それでもあなたは私に、答えよ、たずね返してはならない、と命じるわけでしょうか」。

C 「それはつまり、君が私の言っていることを」と彼は言った、「きっと何か了解しているはずだからだ」。

「了解していますよ」とぼくは言った。

「ならば、君の了解していることに対して答えてくれたまえ」。

「ではどうでしょうか」とぼくはたずねた、「もしあなたがたずねる際に、あなたが考えているものと、私が了解しているものとが別々であって、その場合、後者に対して私が答えるなら、あなたにとっては、私が的はずれで肝心のことを何も答えていないということになるわけですが、それでも十分なのでしょうか」。

「私にとっては十分だ」と彼は言った、「とはいえ君にとっては、私の思うに、十分ではないのだろう」。

「それならゼウスに誓って、私は答えません」とぼくは言い返した、「問いの意味をお聞きするまでは」。

「君は答えようとしないのだ」と彼は言った、「自分がつねに了解しているはずのことに対してね。何を思ってか、君はくだらぬことをしゃべり続けて、必要以上に耄碌《もうろく》しているのだからね」。

D そこでぼくはわかった、彼はさまざまな語をぼくの周りにはりめぐらして、ぼくを捕らえたがっていたので、言われている事柄をぼくが区別して明確にしようとすると、彼はぼくに腹を立てているのだ。するとぼくはあのコンノスのことが思い出された。つまりあの先生もまた、ぼくが先生の言うことにしたがわないと、いつでもぼくに腹を立て、それからはぼくのことを無知だと見なして、あまりかまってくれないのだ。が、それはともかく、ぼくはこの人のもとにも通うつもりでいたので、彼がぼくのことをまぬけだと考えて、弟子入りさせてくれないと困るので、ぜひしたがわなくてはならないと思った。だからぼくはこう言った、

E 「しかしもしそうするのがよいとあなたに思われるのでしたら、エウテュデモス、そうしなくてはなりません。というのも、あなたは、素人の技術しかもたない私よりも、あらゆる意味でみごとに対話するすべを心得ておられるはずですから。だからもう一度最初から質問してください」。
「それならもう一度答えたまえ」とエウテュデモスは言った、「君は自分の知っていることを知るのは、何かあるものによってなのか、それともそうではないのか」。

「私としては」とぼくは答えた、「それは魂によってです」。

296A 「またこの男は！」と彼は言った、「たずねられていることに対して余計な答えをする。なぜって、私は何によって、とたずねているのではなくて、何かあるものによって知るのかどうか、この点をたずねているからだ」。

「また必要以上のことを答えました」とぼくは言った、「教育がないばかりに。どうか私をお許しください。実際、もう単純にお答えします、私の知っていることを私が知るのは、何かあるものによってである、と」。

「どちらだろうか」と彼はたずねた、「その同じものによってつねに知るのだろうか、それともある時にはそれによって、別の時には別のものによってなのだろうか」。

「つねにそれによってです、私が知るときには」とぼくは答えた。

「また君は」と彼は言った、「やめないか、余計なことを口にするのは！」。

「いや、この『つねに』という言葉がわれわれをどこかでつまずかせることのないように、と思ったのです」。

B 「それはわれわれのことではない」と彼は言った、「つまずくとすれば、君だ。ともかく答えたまえ。はたしてつねにそれによって君は知るのかね」。

「つねにです」とぼくは言った、「『これこれのときに』という言葉を取り除かなくてはならないのですから」。

「ではつねにそれによって君は知るのだね。他方、つねに知っているなら、君は自分がそれによって知る当のものによってある事柄を知り、他の事柄を他のものによって知るのか、それともそのものによってあらゆることを知るのだろうか」。

「そのものによって、すべてを知るのです」とぼくは言った、「私の知るかぎりのことすべてを」。

「これまたあれだ！」と彼は言った、「さっきと同じ余計な言葉が入ってしまう」。

「いや、取り除きましょう」とぼくは言った、「この『私の知るかぎりのこと』という言葉を」。

「いや何ひとつ取り除かなくてもよい」と彼は言った、「君には何も頼みはしないから。とにかく、私に答
C えたまえ。君は、あらゆることを知るわけではないとすれば、すべてを知ることができるのだろうか」。

「そうだとすれば、奇怪なことでしょう」とぼくは答えた。

そこで彼は言った、「それなら君はもう自分の望むものを何でもつけ加えたまえ。なにしろ、君はすべてを知っていることに同意しているわけだから」。

「そのようですね」とぼくは言った、「ともかく、『私の知ること』という言葉が何の力ももたず、かくて私はあらゆることを知っている、というわけなのですから」。

「それでは君はまた、『君が知るときに』であろうと、ほかのどんな言い方がお望みであろうと、君がそれによって知る当のものによって、つねに知っているということに同意してしまっているのだ。なぜなら、君はつねに、また同時に、あらゆることを知っていることにすでに同意していたのだから。したがって明らか
D に、君は子どもの時にも知っていたし、生まれた時にも、胎内に宿っていた時にも知っていたのだ。のみならず、君自身が生まれる前にも、さらには天地が生じる前にも、君はすべてを知っていたのだ、まさに君が

つねに知っているのだとすればね。そして、ゼウスに誓って」と彼は言った、「君自身は、つねに、しかもすべてを知ることになるだろう、私が望むならね」。

（296）

二十三　ヘラクレスと水蛇

「いや、どうか望んでください、おお、たいへん尊いエウテュデモスよ」とぼくは言った、「もしあなたが本当に真実を語っておられるのでしたらね。しかし私は、あなたの兄弟であるこのディオニュソドロスがあなたに協力を望まないなら、あなたにそのようなことが十分にできるとはあまり信じていないのです。けれども、そうしてならたぶんできるでしょうね。そこで私に言ってください」とぼくは続けた、「実際、ほかのいろいろな事柄については、あなたがたと、つまり知恵の点でこれほどまでに驚異的な人たちと、いったいどのようにして言い争うべきかわかりません、私がすべてを知っているわけではないなどと。なにしろあなたがたがそうおっしゃるのですからね――しかし、次のようなこと、つまり善き人たちが不正であることについては、これを私が知っているといかにして主張すべきなのでしょうか、エウテュデモスよ。さあどうかお答えください、私はこれを知っているのでしょうか、それとも知らないのでしょうか」。

E

「もちろん、君は知っているさ」と彼は言った。

「何を、ですか？」とぼくはたずねた。

「善き人たちは不正ではない、ということを」。

297A

「ええ、たしかに、そのことなら以前から知っています」とぼくは言った。「しかし私がたずねているのは、その点ではありません。そうではなくて、善き人たちが不正であるという、このことを私はどこで学んだのかということなのです」。

「どこでも学んでない」とディオニュソドロスが口をはさんだ。

「とすれば、そのことを私は知らないのですね」とぼくは言った。

「議論をぶちこわしているじゃないか！」とエウテュデモスは、ディオニュソドロスに向かって声をあげた、「そうなれば明らかに、この男は知っていない者になり、そして知っている者であると同時に知らない者でもあることになってしまう」。

するとディオニュソドロスは顔を赤らめた。

B

「しかし、どういう意味でしょうか、エウテュデモス」とぼくはたずねた、「あなたには、すべてを知っている人であるお兄さんが正しいとは思われないのですか」。

「私がエウテュデモスの兄だって？」とディオニュソドロスがすばやく口をはさんで言った。

そこでぼくは言った、「そのことはさておいてください、善き人よ、ともかくエウテュデモスが私に、善き人たちは不正であることを私が知っているのだということを教えてくださるまではね。そしてどうか私にその学識を惜しまないでください」。

「君は逃げているのだね、ソクラテス」とディオニュソドロスが言った、「そして答えたくないんだね」。

「当然ですよ」とぼくは言った、「なにしろ、私はあなたがたの一方に対してでも負けるのですから、二人

(297) C ともなればとうてい逃げ出さないわけにはまいりません。[1] 実際、私は水蛇と戦うことのできなかったヘラクレスよりもきっとはるかに劣っているのでしょう。水蛇は女ソフィストであり、だれかが彼女の言論から頭一つを切り取ると、その知恵によってその一つの頭のかわりにたくさんの頭を生え出させるのです。[2] またヘラクレスは、別のあるソフィストの蟹とも戦うことができなかったのです。[3] それは、私の思うに、海からやって来て最近上陸したばかりです。その蟹はまさに左側から話しかけたり、挟んだりしながら、そのようにしてヘラクレスを苦しめていたので、彼は甥のイオラオスを助けに呼び求めました。そしてその甥はヘラ D クレスを十分に助けました。けれども、私のイオラオス[4]がもしやって来たなら、むしろ逆のことをしでかすでしょうね」。

二十四　ソフィスト兄弟の詭弁——君は犬の子らの兄弟

「ならば、答えたまえ」とディオニュソドロスは言った、「それだけ君がさえずったとなればいつでもね。いったい、イオラオスは君の甥というより、むしろヘラクレスの甥であったのかどうか」。

「それでは私にとっては、ディオニュソドロスよ」とぼくは言った、「あなたにお答えするのがいちばんですね。なぜなら、あなたはたずねるのをけっしてやめようとなさらないのですから。これはもう私にはほとんどよくわかっていることなのですが、あなたがそうするのは、ねたんで邪魔をしながら、エウテュデモスがあの知恵を私に教えないようにするためなのです」。

E

「それなら答えたまえ」と彼は促した。

「それなら答えます」とぼくは応じた、「イオラオスはヘラクレスの甥でしたが、私に思われるところでは、いかなる意味においても私の甥ではけっしてありません。なぜなら、イオラオスの父は私の兄弟のパトロクレスではなく、名前のよく似たイピクレスであり、イピクレスはヘラクレスの兄弟だったからです」。

「パトロクレスはしかし、君の兄弟かね」と彼は言った。

「もちろんです」とぼくは言った、「ただ母親は同じですけれども、父親は同じではありません」。

「だとすれば、パトロクレスは君にとって兄弟であり、かつ兄弟ではないのだ」。

「父親が同じではない、というだけのことです、この上もなく善き人よ」とぼくは言い返した、「なぜなら、彼の父はカイレデモスでしたが、私の父はソプロニスコスでしたから[5]」。

(1)「二人を相手にすることは、ヘラクレスでさえできない」ということわざ的表現が念頭に置かれている(『パイドン』八九C、『法律』第十一巻九一九B参照)。背景にある神話は次のもの。ヘラクレスはレルネ(スパルタ北東の町)の沼地に生息する水蛇(ヒュドラ)退治の際に、大きな蟹が現われて彼の足を嚙んだので、これを殺して甥のイオラオスに助けを求めたという。水蛇は九つの頭(まん中の一つは不死)をもち、ヘラクレスが一つの頭を打っても、そこから二つの頭が生え出てきたが、イオラオスが燃え木で頭のつけ根を焼き、不死の頭の方は埋めて重い石を置き、退治した(伝アポロドロス『ギリシア神話』第二巻第五章二)。

(2) 水蛇はエウテュデモスをたとえたもの。

(3) 蟹はディオニュソドロスをたとえたもの。

(4) クテシッポスのこと。

(5) このあたり、ソクラテスの家族関係について、他では知られない記述。

298A 「しかし」と彼は言った、「ソプロニスコスとカイレデモスは父親だったのだね」。

「もちろんです」とぼくは答えた、「一方は私の父親であり、他方は彼の父親でした」。

「すると」と彼は言った、「カイレデモスは父親とは別の人だったのではないかね」。

「ともかく私の父親とは別の人でした」とぼくは答えた。

「はたして彼は父親とは別の人でありながら、父親だったのだろうか。それとも君はあの石と同じものかね[1]」。

「私としては」とぼくは言った、「あなたのせいで石と同じものに見えるようになりはしないかと恐れているのです。けれども、そうなるとは私には思われませんね」。

「では、君は石とは別のものではないかね」と彼は言った。

「たしかに、別のものです」。

「とすると、君は石とは別のものであるなら、石ではないということではないか」と彼は言った、「そして黄金とは別のものであるなら、君は黄金ではないのだね」。

「その通りです」。

「とすると、カイレデモスも」と彼は言った、「父親とは別の人であるなら、父親ではないということだね」。

「どうやら」とぼくは言った、「父親ではないようです」。

B 「なぜなら、もしカイレデモスが父親であるなら」とエウテュデモスが口をはさんで言った、「今度はまた、ソプロニスコスは父親とは別の人であって、父親ではないからだ、したがって君は、いやはやソクラテスよ、父なし子になるってわけさ」。

そこでクテシッポスが議論を受け取って言った、「しかし今度は、あなたがたの父親も同じ事態をこうむるのではありませんか。その人はぼくの父親とは別の人ですね」。

「とんでもない」とエウテュデモスは言った。

「しかしまさか、同じ人なのですか?」とクテシッポスはたずねた。

C

「むろん、同じ人だ」。

「ぼくとしては、そうあってほしくありませんね。しかしどちらですか、エウテュデモス、その人はぼくだけの父親ですか、それとも他の人たちの父親でもあるのですか」。

「他の人たちの父親でもあるね」と彼は答えた、「それとも君は同じ人が父親でありながら、父親ではないと思うのかね」。

「たしかにぼくは、そう思っていたのです」とクテシッポスは言った。

「ではどうかね」と彼はたずねた、「黄金でありながら、黄金ではないのかね。あるいは、人間でありながら、人間ではないのかね」。

「実際、エウテュデモスよ」とクテシッポスは言った、「ことわざにあるように、あなたは亜麻に亜麻を接

(1) 石は愚か者や無感覚な者を暗示する(『ゴルギアス』四九四A参照)。

(298)

いでいないのですね。[1] なぜなら、もしあなたの父親がすべての人たちの父親なら、あなたが言っているのは、恐ろしい事柄ですからね」。

「しかしそうなのだ」とエウテュデモスは言った。

「人間たちの父親ですか」とクテシッポスはたずねた、「それとも、馬たちや、他のあらゆる生き物たちの父親でもあるのですか」。

D

「あらゆる生き物たちの父親だ」と彼は答えた。

「はたして、あなたの母親はそれらの母親でもあるのですか」。

「そう、それらの母親でもある」。

「とすれば」とクテシッポスは続けた、「あなたの母親は海のウニたちの母親ですね」。

「そう、君の母親もね」とエウテュデモスは応じた。

「とすれば、あなたはまた、小魚や子犬や子豚たちの兄弟なんですね」。

「実際、君もね」と彼は応じた。

「とすれば、あなたにとって父親は猪や犬なんですね」。

「実際、君にとってもね」と彼は応じた。

「ところで、君が私に答えてくれるなら、すぐにでも」とディオニュソドロスが口をはさんだ、「クテシッポスよ、君はこれらのことに同意するだろう。なぜって、私に答えたまえ、君には犬がいるだろうか」。

「ええ、います、たいへん劣悪で役立たずの犬が」とクテシッポスは答えた。

E

「では、その犬には子犬がいるだろうか」。

「ええ、います、親に似たのがたくさん」。

「それなら、その犬は子犬たちの父親ではないか」。

「たしかに私は」とクテシッポスは言った、「その犬が雌犬に乗って交わっているところを見たことがあります」。

「ではどうだろうか。その犬は君の犬ではないかね」。

「たしかにそうです」と彼は答えた。

「それでは、その犬は父親であり、君のものであるのだから、したがって、その犬は君の父親となり(2)、君は犬の子らの兄弟になるのではないか」。

(1)「亜麻に亜麻を接いでいない」とは、つじつまの合わないことをしていること。いわば「木に竹を接ぐ」に相当することわざ表現。「すべてであり、全体であるものに、無限を結びつけるのは、亜麻に亜麻を接いでいないようなもの」という記述がアリストテレスに見える（『自然学』第三巻二〇七a一七）。

(2) アリストテレス『ソフィスト的論駁について』に「犬は君の父親か」の例が見える（第二十四章一七九a三六）。

二十五　詭弁に対する詭弁

そこでふたたびディオニュソドロスがすばやく口をはさんで、クテシッポスに先に何か言わせないようにして、「さらになお、私にちょっとしたことを答えてくれたまえ」と言った、「君はその犬をひっぱたくかね」。

そこでクテシッポスは笑って答えた、「ええ、神々に誓って、ひっぱたきますよ。あなたをひっぱたくことができないのですからね」。

「それでは、君は君自身の父親をひっぱたくのではないかね」と彼は言った。

299A 「けれども」とクテシッポスは言い返した、「あなたがたの父親をぼくがひっぱたく方がはるかに正しいでしょうよ、何のおつもりか、これほどまでに知恵のある息子さんたちを産んだのですからね。しかしエウテュデモスよ、あなたがたの父親であり、子犬たちの父親でもある人は、きっとあなたがたのその知恵から、それはもうたくさんの善いことを享受なさったでしょうねえ！」。

「いや、たくさんの善いことなどまったく必要としないのだよ、クテシッポス君、彼も君もね」。

「あなた自身も」とクテシッポスはたずねた、「そうなのですか？　エウテュデモス」。

B 「他のどんな人もそうなのだ。というのは、私に言ってみたまえ、クテシッポスよ、君は病気の場合には、必要なときに薬を飲むことは善いことだと認めるかね、それとも善くないと君には思われるかね。あるいは、戦争に行くときには、武器をもたないよりもむしろ、武器をもって行く方が善いと思われるかね」。

「ぼくにはその方が善いと思われますね」と彼は答えた。「とはいえ、あなたは何かすばらしいことを言ってくださるだろうとぼくは思うのです」。

「それは君が、いちばんよく知ることになるだろう」と彼は言った。「さあ、答えてくれたまえ。つまり、君は必要なときに薬を飲むことは人間にとって善いことだと同意したのだから、その善きものを人はできるだけたくさん飲むべきではないだろうか、そしてだれかがその人のために車一台分のエレボロス(1)をすりつぶして調合すれば、その場合には結構なことになるのではないだろうか」。

そこでクテシッポスは言った、「まったくもってその通りですよ、エウテュデモス、薬を飲む人がデルポイにある彫像ほどの大きさでしたらね(2)」。

C

「それでは」と彼は続けた、「戦争においても、武器をもつことは善いことなのだから、それが善いことである以上、できるだけ多くの槍や盾をもつべきではないだろうか」。

「大いにそうでしょうね」とクテシッポスは答えた、「しかしあなたは、エウテュデモスよ、そう思ってい

---

(1)「エレボロス」(英語で hellebore)は、キンポウゲ科の植物で薬草。根を煎じて下剤や吐剤その他の用途で頻繁に使われた。その浄化作用は強力であり、狂気の治療薬としても用いられた(ヒッポクラテス『食餌法について』第一巻三五参照)。

(2)ギリシア軍が捕獲品の初穂をデルポイに送り、それによって作られた男子像が一二ペーキュス(約五三三センチメートル)の大きさであったと伝えられる(ヘロドトス『歴史』第八巻一二一)。

(299) るのではなくて、盾は一つ、槍は一本だとお考えでしょうね」。
「私としてはそうだ」。

「はたして怪物ゲリュオネスや[1]」とクテシッポスは続けた、「巨人ブリアレオス[2]にも、あなたはそんなふうに武装させるのでしょうか。ぼくはですね、あなたは武装戦士であるのだから、もっと手ごわいものと思っていましたよ、この仲間のかたもね」。


D そこでエウテュデモスは黙り込んでしまった。が、ディオニュソドロスは、先にクテシッポスが答えた事柄[3]に関してたずね、「では、黄金もまた、それをもつことは善いことだと君に思われるのかね」と言った。

「もちろんです。しかもたくさん」とクテシッポスは答えた。

「ではどうだろう。善いものはつねに、そしてあらゆるところにもつべきだと君には思われないかね」。

「大いに思われますよ」と彼は答えた。

「では、黄金も善いものであると君は同意しないかね」。

「それはすでに同意済みですよ」と彼は言った。

「では、それをつねに、あらゆるところに、そしてできるかぎり自分自身の内にもつべきではないか。そ
E してもし人が三タラントン[4]の黄金を腹のなかに、一タラントンを頭蓋骨のなかに、また一スタテール[5]の黄金を左右それぞれの目のなかにもつならば、その人はこの上もなく幸福だろうね」。

「ところで、こう言われていますね、エウテュデモス」とクテシッポスは言った、「すなわち、スキュティア人たちのなかでは、ちょうどあなたが今しがた犬がぼくの父親だと言ったような仕方で[6]、黄金を自分自身

の頭蓋骨のうちにたくさんもっている人々がいちばん幸福であり、いちばんすぐれた人たちだと言われているのですが、さらにもっと驚いたことに、なんと、彼らはまた、自分たち自身の頭を両手でもちながら、金箔をほどこされた自分たち自身の頭蓋骨から酒を飲み、そしてそのなかのものをじっと見つめるのです！[7]」。

「だが、彼らが見るのはどちらだろうか」とエウテュデモスはたずねた、「スキュティア人たちにせよ、他の人たちにせよ、見ることのできるものを見るのだろうか、それとも見ることのできないものを見るのだろうか」。 300A

（1）ゲリュオネス（ゲリュオン）は三つの身体と三つの頭をもつ怪物（ヘシオドス『神統記』二八七行、伝アポロドロス『ギリシア神話』第二巻第五章一〇）。

（2）ブリアレオスは百の手と五〇の頭をもつ巨人（ヘシオドス『神統記』一四九行以下、伝アポロドロス『ギリシア神話』第一巻第一章一）。ゲリュオネス（前註）やブリアレオスについては、『ゴルギアス』四八四B、『法律』第七巻七九五Cでも言及されている。

（3）二九九B—C参照。

（4）一タラントンは約二六キログラム。

（5）一スタテールはコイン一個の重さ（金貨で約八・六グラム）。

（6）二九八E。

（7）黒海北部地方スキュティアの金持ちは、倒した敵の頭の、眉から下の部分を鋸で切り落として残りをきれいにし、それに牛の生皮をかぶせた上、さらに内側に黄金を張って盃として用いたと言われている（ヘロドトス『歴史』第四巻六五）。

(300) 「見ることのできるものでしょうね」。
「では、君もそうではないかね」と彼は言った。

「ぼくもそうです」。

「とすれば、君は私たちの服を見るかね」。

「ええ」。

「とすれば、それらは見ることのできるものだ」。

「断然そうです」とクテシッポスは応じた。

「だが、何を見るのかね」と彼は言った。

「無を見るのです。[1]けれども、たぶんあなたは、それら自体が見る[2]などとは思っていないのでしょうね。ああ、よほど甘い、あなたは！　いや、ぼくが思うに、エウテュデモスよ、あなたは眠らずに眠り込んでいる、またもし語りながら何も語らないことができるとすれば、あなたこそそれをしているのです」。

二十六　クテシッポスの「知恵」

B 「そうかね？」とディオニュソドロスが口をはさんだ、「実際、沈黙しながら語ることなどできないんじゃないか？[3]」。
「どんなにしてもできませんね」とクテシッポスは言った。

「はたして、語りながら沈黙することもできないのだろうか」。

「なおさらできませんね」と彼は答えた。

「ところで君は、石や木材や鉄器のことを語るとき、それらが沈黙しているのに語っているのではないかね」。

「いいえ、もしぼくが」とクテシッポスは言った、「鍛冶屋の店に入ればそうではなくて、鉄器はだれかが

(1)「無」と訳された原語は「メーデン」。英語の nothing に相当し、通常の文脈ならこの語は「何も（見ません）」と訳す方が自然であるが、ここではクテシッポスがエウテュデモスの「何を見るのか」という問いに対して、それを肯定的に捉えて「メーデン（nothing）を見る」という趣旨の反論をしていると考えられるので、「無（を見る）」という訳を採用した。「死とは無（メーデン）のようなもの」、「死ねば無（メーデン）に帰する」といった表現が、『ソクラテスの弁明』四〇C、『パイドン』九一Bに見える。

(2) 底本（BW写本）にしたがって、伝統的な読み「それら自体が見る（*αὐτὰ ὁρᾶν*）」を採用した。スプレイグはT写本の *ὁρᾶν αὐτά* を読み、「それらを見る（see *them*）」と訳している（イタリックはスプレイグによる）。その場合、「君は私たちの服を見る」という最初の前提が否定されることになり、その点がからかわれていることになる（Cf. Chance, Th. H., *Plato's Euthydemus: Analysis of What Is and What Is Not Philosophy*, Berkeley, 1992, p. 268, n. 100）。この読みを採れば、直前の「メーデン」は、通常の「何も（見ません）」という意味に解されるだろう。

(3) アリストテレス『ソフィスト的論駁について』第四章一六六a六以下参照。そこでは、文の「あいまいさ・両義性（アンピボリアー）」の例として、「沈黙しながら語ること」が挙げられている。その表現は、「語っている者が沈黙している」という意味にも、「語られている事物が沈黙している」という意味にも、二通りに解しうると説明されている。

(300) さわれば、最大の音を発したり、叫んだりすると言われています。したがって、この点についてあなたは知恵のおかげで気づかないまま、無意味なことを口にしたのです。しかしさらに、別の点についてあなたがたはぼくに示してください、つまり今度は、語りながら沈黙することがどのようにして可能なのかを」。

C そこでぼくには、クテシッポスが自分の愛する子のために頑張りすぎているように思えた。

「君が沈黙するとき」とエウテュデモスは言った、「君はあらゆるものについて沈黙しているのではないか」。

「ぼくとしてはそうです」とクテシッポスは答えた。

「それでは君は語っているものについても沈黙しているのではないかね、まさにそれがあらゆるもののうちに属するのだとすれば」。

「何ですって?」とクテシッポスは言った、「あらゆるものが沈黙しているわけではないでしょう」。

「もちろん、そうではないだろう」とエウテュデモスは応じた。

「しかしそれならば、この上もなくすぐれた人よ、あらゆるものが語るのですか」。

「少なくとも語っているものはそうだろう」。

「いや、その点をぼくはたずねているのではありません」とクテシッポスは言った、「あらゆるものが沈黙しているのか、それとも語っているのか、この点なのです」。

D 「どちらでもなく、どちらでもある」とディオニュソドロスが割り込んで言った、「実際、君がその答えをどう扱ってよいかわからないというのは、百も承知さ」。

そこでクテシッポスは、いつものように噴き出し、げらげら笑って言った、「これはエウテュデモスよ、あなたのお兄さんは議論をどちらにでもとれるものにしてしまい、自滅して負けてしまったのです」。

そこでクレイニアスが非常によろこんで笑ったので、クテシッポスは十倍以上も得意になった。だが、ぼくの思うに、このクテシッポスはいたずらっ子だから、まさに彼らから、まさにこれらのことをすでに盗み聞きしていたのだ。なにしろ、このような知恵は、今のほかの人々には見られないものだからね。

二十七　美と美しいもの

E そこでぼくは言った、「なぜ笑っているのかね、クレイニアス、これほど真剣で美しい事柄なのに」。

「実際これまでに、ソクラテス、君は美しいものを見たことがあるかね」とディオニュソドロスが口をはさんだ。

「ええ、私としては」とぼくは答えた、「しかも多くのものを、ディオニュソドロスよ」。

301A 「はたしてそれらは美とは別のものだったのだろうか」と彼はたずねた、「それとも美と同じものだったのだろうか」。

ここでぼくは行きづまって途方に暮れたのだが、自分がぶつぶつ言ったものだから、これは当然の目にあってしまったのだと考えていた。が、それにもかかわらず、ぼくはこう言った、「多くの美しいものは少なくとも美そのものとは別のものです。けれども、それらのそれぞれには何らかの美しさがそなわっていま

(301) す[1]」。
「それではもし」と彼は続けた、「君のそばに牛がいるのなら、君は牛であり、そして今、私は君のそばにいるのだから、君はディオニュソドロスなんだね」。

「そういう言葉はつつしんでください」とぼくは言い返した。

「しかし、どのような仕方で」と彼は言った、「別のもの(A)が別のもの(B)にそなわったなら、その別のもの(B)は別のもの(A)でありうるのだろうか」。

B 「はたしてその点にあなたは行きづまっているのですか」とぼくはたずねた。ここでぼくは両人の知恵を欲していたので、その知恵を真似ようと試みていたのだ。

「どうして行きづまらないでいられよう」と彼は言った、「私も、他のすべての人たちもそうなのだ、あらぬものについてはね」。

「何のことを言っているのですか、ディオニュソドロス」とぼくは言い返した、「美しいものは、美しいのであり、醜いものは醜いのではないでしょうか」。

「私にそう思われればね」と彼は言った。

「そう思われないのでしょうか?」。

「もちろん思われるさ」と彼は答えた。

「では、同じものは同じものであり、別のものは別のものではないでしょうか。なぜなら、別のものが同
C じものであるはずはなく、私としては子どもでさえこの点を、つまり別のものは別のものでないかもしれな

いなどと、疑うようなことはありえないと思っていました。しかし、ディオニュソドロス、あなたはこの点を意図的になおざりにしたというわけです。なにしろ他の事柄については、私の見るところ、ちょうどそれぞれのことをなし遂げるのにふさわしい職人たちのように、あなたがたもまた、もののみごとに対話することをなし遂げていらっしゃるのですから」。

「それなら君は」と彼はたずねた、「職人たちのそれぞれには何がふさわしいかを知っているかね。まず、鍛冶仕事をするのがふさわしいのはだれなのかを、君は知っているかね」。

「ええ、私としては。それは鍛冶屋です」。

「ではどうだろう、陶器づくりは？」。

「陶工です」。

「ではどうだろう、屠って、皮を剝ぎ、切り刻んだうえで、そのこま切れの肉を煮たり焼いたりするのは？」。

D 「料理人です」とぼくは答えた。

「それではもしだれかが」と彼は言った、「ふさわしいことをなすならば、その人は正しくなすのではない

（1）「そなわっています（……のところにある、そばにある、パレスティン）」というこの発言は、美しいものを「美しくあらしめているのは、ほかでもなく、かの〈美〉（＝美そのもの）の現存・現前（パルーシアー、そなわっていること）である」という表現につながるもの（『パイドン』一〇〇D）。

(301)
だろうか」。

「もちろんですとも」。

「しかるに、君の主張では、料理人は切り刻んだり、皮を剝いだりするのがふさわしいのだね。君はその点に同意したのか、しなかったのか」。

「同意しました」とぼくは答えた、「いや、どうかもう勘弁してください！」。

「それなら明らかに」とディオニュソドロスは言った、「だれかが料理人を屠って切り刻み、煮たり焼いたりするならば、その人はふさわしいことをすることになるだろう。またもしだれかが鍛冶屋自身を打ち鍛え、陶工を焼き物にするならば、その人もまたふさわしいことをなすことになるだろう」。

二十八　知恵の仕上げ――神々を売る！

E
「おお、ポセイドンよ！[1]」とぼくは声をあげた、「いよいよあなたは、その知恵に最後の仕上げをほどこしているのですね！　はたしてその知恵はいつかある時、私にそなわって、私自身のものとなるのでしょうか？」。
「君はその知恵を認めるのだろうか、ソクラテス」とディオニュソドロスはたずねた、「君自身のものになったとすれば」。
「ともかくあなたがお望みなら」とぼくは答えた、「明らかに認めます」。

「しかし、どうだろう」と彼は続けた、「君は、君自身のものを知っていると思うかね」。

「ええ、あなたが何か別のことをおっしゃるのでなければ。というのも、あなたから始まらなければならないのですから、そしてこのエウテュデモスで終わらなければならないのですから(2)」。

302A「はたしてそれでは」と彼は言った、「君は自分が支配し、また君にとって自分の望むように用いることができるようなものは何であれ、それらを君のものと考えるのだろうか。たとえば、牛や羊について、はたして君は、売ったり、与えたり、また神々のなかでも君の望むような神に捧げたりすることが自分にできるも

(1)「おお、ポセイドンよ！」という表現は、喜劇ではしばしば使われるが、プラトンではこの箇所と三〇三Aの二箇所にしか見られない。この表現は、これはすごい、びっくり、さすがだ、恐ろしい、くわばら、といった広がりのある意味合いをもつもの（アリストパネス『平和』五六四行、『鳥』二八七、二九三、一一三一行、『蛙』四九一、一四三〇行など参照）。なお、『饗宴』二一四Dには、「ポセイドンに誓って」というプラトンでは例外的な表現が見える。

(2)歌い始めるときも、歌い納めるときも神をたたえる詩人たちの流儀を真似た表現（ヘシオドス『神統記』四七—四九行参照）。ヘレニズム時代の牧歌詩人テオクリトス（前三世紀前半）に、「われわれはゼウスから始めよう、そしてゼウスで終わりたまえ、ムーサたちよ」という詩句が見える（『牧歌』第十七歌一行）。ソクラテスはディオニュソドロスとエウテュデモスを神のような存在と見なしているのであろう。この一文の含意について、シュタルバウムは「あなたがたは万人に匹敵します。あなたから始まって、あなたの兄弟で終わらなければなりません。他のすべての人たちを顧みずとも、あなたがたお二人の支持を得られれば満足すべきなのです」と註記している。

(302) のであれば、それらを君のものと考えるのだろうか。他方、そのようにできないものなら、そういったものは君のものではないのだろうか」。

そこでぼくは（こうした彼らの問いそのものから、何か立派なことがひょっこり現われるだろうとわかっていたので、またそれをできるかぎり早く聞きたいと思ったので）、「ええ、まったくその通りです」と答えた、「そのようなものだけが私のものです」。

「ではどうだろう」と彼はたずねた、「君は魂をもっているものなら何であれ、それらを生き物と呼ばないだろうか」。

B 「ええ、呼びます」とぼくは言った。

「それでは君は、そうした生き物のうちで、今しがた私の言っていたようなことを何もかも君がすることのできるようなもの、そうしたものだけが君のものであると同意するだろうか」。

「同意します」。

ここで彼は、大いにとぼけて、何か重大なことでも考察しているかのようにじっとして、こう言ったのだ、「うむ、私に言ってくれたまえ、ソクラテス、君には父祖なる神ゼウスさまはおられるかね？」。

そこでぼくはその議論がまさに終わったところ[1]に向かうのではないかと疑ったのだが、すでにぼくはまるで網に捕らえられているかのように、何やら行き場のない中をのたうちながら、逃げ出そうと身をよじっていた。「私にはおられません、ディオニュソドロスよ」とぼくは答えた。

C 「だとすれば、君はある種のみじめな人間であり、アテナイ人でもないのだ。君には父祖なる神々も神殿も、他の美しいものも善いものも、何ひとつないのだとすればね」。

「もういいでしょう、ディオニュソドロス」とぼくは言った、「言葉をつつしんでください、そして私をあまり厳しく指導しないでください。実際、私には祭壇もあれば、神殿だって、自分の家のものも先祖のものもあり、ほかにもいろいろと、他のアテナイ人たちがもっているかぎりのものはすべてもっているのですから」。

「それなら、他のアテナイ人たちには」と彼は言った、「父祖なるゼウスさまはおられないわけだね」。

D 「ええ、おられません」とぼくは言った、「そのような呼び名は、イオニア人のだれにとっても、つまりこの国から移住していった人たちにも、われわれにも存在しません。むしろイオンの系譜ですから、われわれには父祖なるアポロンという呼び名があるのです[2]。他方、ゼウスさまは私たちにとっては父祖と呼ばれるのではなくて、家の神とか氏の神と呼ばれ、またアテナは氏の女神と呼ばれているのです」。

「いや、それで十分だ」とディオニュソドロスは言った。「というのも、君には、どうやら、アポロンもゼウスも、またアテナもいるようだからね」。

(1)「まさに終わったところ」とは前章最後(三〇一D)の結論のところ(シュタルバウム)。しかしこの原文は「まさに終わるところ(結末)」とも読むことができる(メリディエ訳など)。ここでは続く網の比喩から、前者の訳を採用した。

(2) イオンはアポロンとクレウサ(アテナイ王エレクテウスの娘)の子(エウリピデス『イオン』六一—七五行参照)。

(302) 「もちろんです」とぼくは言った。

「ではまた、それらは君にとって神々でもあるのだろうか」と彼はたずねた。

「祖先たちであり、主人です」とぼくは答えた。

「いやともかく、君にとっては神々だね」と彼は言った、「それとも君は、それらが君の神々であることに同意しなかったのかね」。

「同意しました」とぼくは言った、「というのは、ほかに何ができましょう」。

E 「それでは」と彼は言った、「それらの神々は生き物でもあるのではないか。というのも、君は魂をもつかぎりのものは生き物であることに同意していたわけだから[1]。それとも、それらの神々は魂をもっていないのだろうか」。

「もっています」とぼくは答えた。

「ならば、それらは生き物でもあるのではないか」。

「生き物です」とぼくは言った。

「しかるに、生き物のうちで」と彼は続けた、「君にとって、与えたり、売ったり、君の望むどのような神にも捧げたりすることのできるようなもの、そうしたものを君は、君のものであるということに同意していたのだ[2]」。

「同意していました」とぼくは言った、「なぜなら、私には後戻りできないのですから、エウテュデモスよ[3]」。

303A

「さあそれでは、私にすぐに言ってくれたまえ」と彼は促した、「君は、ゼウスや他の神々は君のものであることに同意しているのだから、はたして君には、それらの神々を、ちょうど他の生き物たちのようにして、売ったり、与えたり、あるいは、君の望むような仕方で用いたりすることができるのだろうか」。

ところで、クリトン、ぼくはまるでその議論に打ちのめされたかのように、声もなく倒れ伏していたのだ。しかしクテシッポスがぼくを助けるためにやって来て、「あっぱれ、ヘラクレスよ(4)」と声をかけてくれた、「お見事な議論！」とね。

するとディオニュソドロスは、「いったい、どっちなんだ？」とたずねた、「ヘラクレスがあっぱれなのか、あっぱれがヘラクレスなのか？」。

するとクテシッポスは、「おお、ポセイドンよ(5)！」と声をあげた、「なんと手ごわい議論！　ぼくは退却だ。ご両人には太刀打ちできやしない！」。

（1）三〇二B一。
（2）三〇二A参照。
（3）なぜここでエウテュデモスに声がかけられたのか明らかでないが、おそらく「エウテュデモスで終わらなければならない」（三〇一E九）という表現が念頭にあったのであろう（ホートリー）。
（4）二九七C―D参照。
（5）一〇三頁註（1）参照。「ポセイドンよ！」とクテシッポスが言ったのは、「あっぱれ（ピュッパクス）」という間投詞を名詞に変換してしまうディオニュソドロスの発言に、いわば詭弁の極致を見たからであろう。

(303)
二十九　論争の果て――ソクラテスによる評価

B ここでちょうど、親愛なるクリトンよ、そこに居合わせた者はだれもが一斉にその議論と両人をほめそや
し、笑い、手をたたき、よろこび、もう少しで伸びてしまうところだった。というのも、以前になされたそ
れぞれの議論すべてに対して、もののみごとに喝采をおくっていたのはエウテュデモスの信奉者たちだった
が、今の場合は、まるでリュケイオンの柱たちさえご両人に喝采をおくって、歓喜するほどだったのだから。
そんなわけで、ぼく自身もいまだかつてこんなに知恵のある人たちは見たことがないと認めるほどの気持ち
C になり、ご両人の知恵には全面的にとりこにされたので、ご両人をほめて讃える方へと気が向いて、こう
言ったのだ。

「幸せなご両人よ、なんと驚くべき天性！　なにしろあなたがたは、これほどの事柄を、これほどすばや
く、これほど短時間になし遂げたのですから。ところで、あなたがたの議論は、エウテュデモスにディオ
ニュソドロス、ほかにも多くのすばらしいものをもっています。しかしなかでも、次のことこそとりわけ
D 堂々としている点です。すなわちそれは、あなたがたが多くの人々や、まさに威厳があって、ひとかどと思
われている人物たちにさえまるで関心がなく、もっぱらあなたがたに似た人たちだけを気にかけている点で
す。それというのも、私はよく知っているのですが、そうした議論を愛するのは、あなたがたに似ているご
く少数の人たちだけでしょうし、それに対し、他の人たちはその種の議論にはあまりにも無知なので、私の
よく知るところでは、彼らはそうした議論で自分自身が論駁されるよりも、相手の者たちを論駁することこ

そいっそう恥ずかしいと思うような人たちなのです。
　そしてそれらの議論においては、次の点もまた、別の何か通俗的で口当たりのよいところです。すなわち、あなたがたが、美しいものも善いものもいっさいなく、白いものや、他にもそういったものも一切なく、別
E のものはどれも全然別のものではない、と主張なさるとき、あなたがたはご自分でも主張されているように、文字通り本当に人々の口を縫い合わせているのです。いや、他の人たちの口だけでなく、あなたがたご自身の口までも縫い合わせているように思われるのであって、この点はとても優雅であり、そうした議論から重苦しさが取り除かれるのです。
　けれども、まさに最も重大なことは、あなたがたにとってこういったことはかくのごとくであって、技術的に見出されたものなので、だれにせよ人間ならばごく短時間で学ぶことができるということなのです。私としてはクテシッポスに注意を払っていましても、彼がどれだけすばやく、即座にあなたがたを真似ること
304A ができたのかを確認いたしました。ですから、あなたがたのお仕事のこの知恵の部分は、すばやく伝えることにかけては立派なものなのですが、人々の面前で対話することには適していません。むしろあなたがたが私にしたがってくださるなら、多くの人々の前で語らないようにご注意ください。彼らがすばやく学び取って、あなたがたに感謝の念を覚えなくなるといけませんからね。
　しかし何よりも、あなたがたご自身がお互いの間だけで対話なさってください。そうでなければ、つまりもし実際だれか他の人の前でなさるのであれば、あなたがたにお金を払ってくれるような人だけに限るべき
B でしょう。また、あなたがたが思慮を発揮されるのでしたら、同じこうしたことをあなたがたはお弟子さん

たちにも助言すべきでしょう、すなわち、もっぱらあなたがたとだけ、また自分たちの内輪だけで対話すべきであって、それ以外にはいかなる時も他のだれとも対話すべきではないのだと。なぜなら、稀なものは、エウテュデモスよ、高価ですからね、しかし水は、ピンダロスが言ったように(1)、最良のものですけれども、最も安価なのです。さあ、どうか」とぼくは言った、「私とこのクレイニアスを弟子として受け入れてください」。

三十　ある人の論評

以上のことを、クリトンよ、なお他にもちょっとしたことをいくつか話し合って、ぼくたちは立ち去った
C のだ。そこで、どうすればあのご両人のもとへ一緒に通えるようになるかを考えてみてくれたまえ。というのも、彼らはお金を払う気持ちのある者には教えることができると言っているわけだし、素質も年齢も、いっさい妨げにならず——また、君にとってもとりわけ聞いてしかるべきことは、金儲け仕事の差し支えになるようなものも一切ない、と彼らが主張していることだ——、だれでも彼らの知恵をたやすく受け取ることができると言っているのだから。

クリトン　なるほどね、ソクラテス、ぼくだって話を聞くのが好きだし、何かをよろこんで学びたいと思うのだが、しかしぼくもどうやら、エウテュデモスに似た人たちの一人ではなくて、まさに君も言っていたあ
D の人たち、つまりこのような議論によって相手を論駁するよりも論駁される方をよろこぶ人間の一人である

らしい。とはいえ、君に忠告するのはぼくには滑稽なことに思えるのだが、しかしそれでも、ぼくの聞いていたかぎりのことは君に伝えたいと思う。

E

君たちのところから立ち去ってきた者のなかで、いいかね、ある人[2]がぼくが散歩しているところにやって来て、この男は自分をたいへん知恵のある人物と思っていて、法廷用の言論に関して有能な人たちの一人なのだが、「やあ、クリトン」と声をかけてきたのだ、「君はこの知者たちから何も聴講しないのかね」。「ゼウスに誓ってしないよ」とぼくは答えた、「なにしろ、近寄ってみたのだが、人だかりのせいで聞き取ることができなかったのだから」。

「だがね」と彼は言った、「それは聞く値打ちがあったね」。

「何かね、それは?」とぼくはたずねた。

「君はこうした議論に関して当代最高の知者たちが対話するのを聞けただろうにね」。

そこでぼくは言った、「それでは何をあの人たちは君に示してくれたのかね」。

「ほかでもない」と彼は言った、「それは、わけのわからぬことをしゃべって、何の意味もない事柄につい

(1) ピンダロス『オリュンピア祝勝歌』第一歌冒頭の、「最良のものは水」という句が念頭に置かれている。

(2)「ある人」がプラトンと同時代の弁論・修辞家イソクラテス(前四三六―三三八年)を暗示する可能性については、廣川洋一『イソクラテスの修辞学校』(講談社学術文庫、二〇〇五年〔岩波版一九八四年〕)二〇七―二一〇頁参照。

てまるで無意味な努力をしている連中から、人がいつも聞くようなことさ」（実際、何かこんなふうに、この言葉通りに彼は言ったのだ[1]）。

そこでぼくはこう言った、「しかしね、ともかく、哲学というのは、何か高尚な仕事だよ」。

305A 「おや、どこが高尚なのかね？　幸せな君よ」と彼は言った、「いやはや、何の値打ちもないね。むしろ今もしまた君が居合わせたなら、ぼくの思うに、君自身の友人のことで君はたいへん恥ずかしい思いをしたことだろう。自分たちが何を言っているのかまったく意に介さず、あらゆる言葉じりをつかまえるような人たちに、自分の身を提供したがるほど、それほど君の友人は常軌を逸していたのだ。そしてこの人たちは、まさに先ほどぼくが言ったように、当代の人々のなかでもいちばんすぐれた人たちの部類に入る。しかし実際には、おお、クリトンよ！」と彼は声をあげた、「その仕事そのものも、その仕事にたずさわっている人たちも、くだらない笑うべき代物なのだ」。

B ぼくにはしかし、ソクラテス、彼はその仕事を正当に非難しているようには思えなかったし、ほかにも非難している人がいるなら、その人も正当だとは思わない。けれども、多くの人々の前でそのような人たちとよろこんで対話したがることがけなされているのは、ぼくには正当と思われたのだ。

三十一　哲学者と政治家の境界にいる人

ソクラテス　クリトンよ、そのような人たち[2]は不思議な人たちだね。とはいえ、何と言うべきか、ぼくに

西洋古典叢書

月報 108

2014＊第2回配本

クニドス
【円形の台座と神殿があるアプロディテの神域】

目次

2014年6月
京都大学学術出版会

田中美知太郎氏と『クレイトポン』

三嶋　輝夫

本巻に収められた二つの作品は、一般に「プロトレプティコス」と呼ばれるジャンルに分類されることが多いが、実は我が国における本格的ギリシア哲学研究のパイオニアである田中美知太郎氏に、その名もズバリ「プロトレプティコス」という題名の論文があることはそれほど知られていないようである。いま私が手にしているのは昭和四十四年の末に出版された筑摩書房刊の『田中美知太郎全集5』に収められたものであるが、巻末に付された山野耕治氏の解題によれば、もともとは一九三八年（昭和十三年）から翌年にかけて三回にわたって『哲学研究』に掲載されたようである。その論文の冒頭で田中氏は言葉の意味を説明して次のように述べている。

「プロトレプティコス」というのは「プロトレプティコス・ロゴス」の略であって、その文字通りの意味は、特に何か或るものを選んで、その方へ人を説いて向かわせるための言論、すなわち何かを勧めるの言論を指すのである。

続けて氏は古代ギリシアの哲学者たちの著作あるいは批評において、その言葉がおおよそ「徳をみがき教養をつむことを勧めて、よってもって哲学へとみちびくものだったのであろう」としつつ、その範囲が必ずしも哲学に限定されるとはかぎらず、医学や宗教、さらにはほかならぬ『クレイトポン』の例を挙げながら、それが体育までも含みうることを指摘している。そしてそうした広義における「プロトレプティコス」の伝統を、ヘシオドスの教訓詩『仕事と暦日』（『仕事と日々』）にまで遡らせている。とは言うものの氏は「哲学のすすめとしてのプロトレプティコスは、かかる一般的な教訓だけに終るものではあるまい」として、「純粋な哲学的プロトレプティコスがいかなるものであり、またいかなる事情から生じたか」を明らかにすることに着手する。しかし、そこで代表的な著作を手がかりとして解明されていく哲学的プロトレプティコスの内容は本巻の訳者解説と重なるところもあるかもしれないのでここでは割愛し、以下では、以前から筆者が興味深く思っていた田中美知太郎氏と『クレイトポン』の関わりについて、少し想像もまじえながら書いてみることとしたい。

　氏が『クレイトポン』に並々ならぬ関心を寄せていたであろうことは、以下の事実からも推測される。すなわち、先年、惜しくも他界したオランダの古典学者スリングズの浩瀚な註釈付きテクストが一九九九年にケンブリッジ大学から公刊されるまであまり注目されることがなかったこの小篇について、一九三八年という世界的に見てもかなり早い時期に前出論文の中で詳しく紹介していること、また小生の知るかぎり、少なくとも二度にわたって自ら翻訳していること、とりわけ岩波の全集とは別に中央公論社から刊行された『世界の名著』シリーズの二巻本の『プラトンI』においても、紙幅が限られているにもかかわらずわざわざ選抜して収録していることなどである。それでは氏はこの作品をどのように位置づけていたのであろうか。「プロトレプティコス」論文の六節では次のように述べられている。

> 『クレイトポン』は、既に触れられたように、古い伝統がこれをプラトンの著作集のうちに編入しておいたものなのであるが、現代においてはまだその真偽が問題となっている書物なのである。その内容から言えば、疑う者には「あまりにプラトン的」と思われるほどプラトン的なのであるが、その形式にはなお他の疑点が存するように思われる。

　これに続けて氏は様々な疑問点——ソクラテスがクレイトポンに対して「全く劣勢」であること、クレイトポンが「『理想国』（『国家』）第一巻の内容を知っている様子でありながら、第二巻以下の考えを全く無視しているように思われる」こと、等々——を列挙したうえで、「もしこれがプラトンの作品だとすると、あるいは後期の未完成対話篇のこれは最初の部分であるとも考えられるであろう」と推測している。しかし氏の関心は真偽問題自体にあるのではなく、むしろこの作品の内容にある。氏は言う、

これが何人の作であるにせよ、われわれはここに哲学のプロトレプティコスと内容上の少なからざる重なりをもちながら、しかも直接には哲学のプロトレプティコスとならないところの、一個の「正義へのプロトレプティコス」を見るのである。

すなわち氏によれば、『クレイトポン』におけるプロトレプティコスは、「精神の卓越性（徳）へのプロトレプティコスであって、かかる卓越性をつくり出すための究極の技術としての、正の知識についての考察を含む」ものである。同時にまた氏は、「『クレイトポン』は、既に見られたように、『精神の向上に留意せよ』というプロトレプティコスのほかに、なお『いかにして精神の向上を計るべきか』の問題に触れている」点を強調している。作中人物としてのクレイトポンのソクラテスに対する不満は、まさにこの「いかにして」という目的達成のための具体的方法をソクラテスが教えてくれないという点に帰着するものであった。

こうしたクレイトポンの不満に対して、そもそもお門違い、ソクラテス的意味における哲学することについてクレイトポンがまったく分かっていないことの現われと見る向きもあるかもしれない。しかし正直なところ、筆者はクレイトポンに同情的である。

というのも、ソクラテスが熱心に説く「プロトレプティコス・ロゴス」は、人がそれまで執着していたお金や名誉などの世俗的な価値の追求から身を引き離して方向転換し、正義を中心とする徳を目指すように説き勧める言説であるが、それはそのようなものとして、さしあたっては世俗的価値から離反させる、いわば「アポ」トレプティコスな言説として現われると言えるかもしれない。しかし、その影響を受けて方向転換した者にとって次に問題となるのは、どのようにすれば実際に徳を身につけることができるのか——田中美知太郎氏も言及しているヘシオドスの『仕事と日々』の比喩を借りれば、ゴロゴロとした急な坂道を登り切って目指す徳の頂上にたどり着くことができるのか——

ということであろう。なるほど本叢書のクセノポン『ソクラテス言行録1』（内山勝利訳）に登場するアリスティッポスのように、そもそも汗水たらして徳の頂きを極めようなんて愚の骨頂、そんなの真っ平ご免、自分は他人のために痩せ我慢などしないでできるだけ楽に快適に生きたいといった手合いもいるかもしれない。しかしクレイトポンのようにソクラテスの言葉に感動し、徳を身につけようと決意した若者にとっては、どのようにすれば徳の山頂を極められるのかという問いは切実なものであったと考えられる。

そして筆者としては、そのような若者に対して「人に頼るな、自分でルートを見出せ、それが真にソクラテス的意味における哲学することなのだ」、と答えるだけでは不十分なのではないかと思うのである。確かに登るのはあくまでも本人であり、他人におんぶして頂上まで担ぎ上げてもらうわけにはいかないのであるが、山登りにおけると同様に、いわば徳の初心者たちに対しては、徳の頂きを目指してどのようなルートを取るべきか、途中で足を滑らして千仞の谷に落っこちたりすることなく一歩一歩安全かつ着実に登って行くにはどのように足を運べばよいか、について具体的なアドヴァイスを与えることは必要だと思うのである。その限りにおいて、初期対話篇に登場するソクラテスが駆使する論駁法（エレンコス）だけでは足りないように思われるのである。それは相手がそれまで当然視していた価値観に揺さぶりをかけ、それから距離を取らせ見つめ直させる「アポトレプティコス」としてはきわめて有効な方法かもしれないが、それに続くべき次のステップについては何も具体的な示唆を与えてくれないように思えるのである。

古代ギリシア哲学の高名な研究家の東京大学名誉教授、井上忠氏は、その興味深い小論（「プラトンのソクラテス像――アリストテレスに寄せて」、『哲学の現場――アリストテレスよ語れ』〔勁草書房、一九八〇年〕所収）の中でこの作品を取り上げ、クレイトポンの問いかけが「妙に肺腑を抉る」と述べているが、ひょっとしたら『クレイトポン』に人並み以上のこだわりを抱き続けていたように見受けられる田中美知太郎氏もまたそれに似た思いを抱いたことがあったのではないか、ふとそんな気もするのである。

（古代ギリシア哲学・青山学院大学元教授）

連載

西洋古典名言集 (24)

万人の万人に対する戦い (bellum ominium contra omnes)

トマス・ホッブズが一六四二年刊行の
『市民論 (*De Cive*)』序文において、のありさまを表現するためにもち出した著名な言葉である
が、同書の初めにも同様な意味のものとして「人間は人間
にとって狼である (homo homini lupus)」という言葉が挙
がっている。こちらもホッブズの言葉としてよく知られた
ものであるが、その起源は西洋古典にある。ローマの喜劇
詩人プラウトゥスの作品『ロバ物語 (*Asinaria*)』には、金
銭を求めるレオニダに対して商人が、金を渡すなんてとん
でもないことで、「どんな人物かわからぬうちは、人間な
んて［他の］人間には、人間じゃなくて狼だ」(四九五行)
と言うくだりがある。冒頭の言葉は、この台詞を多少変え
たものと思われるが、ホッブズはこの言葉に並べて、別の
格言として「人間は人間にとって神である (homo homini
deus)」を挙げている。エラスムスも『格言集』(*Adagia*, I
1. 69–70) において、これら二つの格言を並べて掲載してい
るから、ホッブズはこの書を参考にしているのかもしれな
い。後者については、カエキリウス・スタティウス (前三
―二世紀) の断片に用例があるが、エラスムスは古代では
農業、酒、法律など人びとの生活の改善のために貢献した
人を神と呼ぶ慣例があった、と説明を加えている。「狼で
ある」のほうはほかには用例を見いだせないのに対して、
「神である」のほうはギリシアの諺集にも収録されている
から、前者は後者をもじったものではないかと推測できる
だろう。ミカエル・アポステリオス (十五世紀) の『諺集』
には「人間は人間にとって神である (anthrōpos anthrōpou
daimonion)」(Centuria 2, 89) を挙げて、予期せずに他人に救
われた人について用いられるという説明がある。他にも、
ゼノビオス (後二世紀)『諺集』(Centuria 1, 91) やキュプロ
スのグレゴリオス (十三世紀)『諺集』(Centuria 1, 50) がこ
の格言に言及している。もっともラテン語では deus (神)
と翻訳されているが、ダイモニオンは、ダイモーンの縮小
辞であるか、あるいはダイモニオスという形容詞が中性名
詞化したものであるから、神という訳が適当であるかどう
かはわからない。人間の運に関わるような言葉であるから、
格言の意味は「もっけの幸い」というようなことであろう。

点滴石を穿つ

この格言は、たとえ微力でも根気よく続けるならば、いつかは成就するという意味であるが、「雨垂れ石を穿つ」とも表現される。『岩波ことわざ辞典』などを見ると、中国の前漢時代に呉楚七国の乱が起きたとき、家臣の枚乘（ばいじょう）が主君を諫めた言葉を典拠としている。すなわち、「泰山の霤《あまだれ》は石を穿ち、単極の綆《こう》（井戸のつるべなわ）は幹を断つ」（『文選』枚乘、上書諫呉王）である。しかし、英語にも、Constant dropping wears away a stone というまったく同じ表現があるから、冒頭の格言の起源が中国かそれとも西洋かはすぐには決めかねる。さらに古くは西洋古典にもギリシア語で petrēn koilainei rhanis hydatos endelekheiēi という表現がある。直訳すれば「水滴も続けば岩を穿つ」だから、ほぼ同じ意味だと言ってよいだろう。これはサモスの出身で、ヘロドトスと同時代の叙事詩人コイリロスの言葉だとされている。この詩人はペルシア戦争を題材にした『ペルシカ』の作者であるが、作品は現存しない。しかも困ったことに、肝心の格言のほうは現在の校訂本である *Supplementum Hellenisticum* (H. Lloyd-Jones, P. Parsons ed.) で調べてみると、存偽断片として扱われている。つまり、コイリロスの言葉なのかどうかは定かでないのである。格言を詩人と結びつけているのは六世紀の新プラトン派哲学者シンプリキオスである。アリストテレスは『自然学』において、「すべてのものは運動しているが、われわれの感覚が気づかないだけである」（二五三b一〇）と述べているが、当該箇所への註解において、シンプリキオスはこれをこの詩人の言葉だとしたうえで、「水滴が落ちるごとに岩は磨りへっているのだが、その減少がわずかなものであるために、われわれには明らかではないのである」（『アリストテレス「自然学」註解』1196, 35 以下）という説明を加えている。もっとも、同時期にアレクサンドリアで活躍したヨハンネス・ピロポノスは、むしろ前二世紀の牧歌詩人モスコスの言葉だとしている（『アリストテレス「自然学」註解』826, 13）。ほかには、ガレノスもこの格言に言及しているのだが、詩人の名前は挙げていないため、ギリシア語の表現の作者についての同定は困難である。かくして、この格言の由来についてはほとんど確定的なことは言えないということになる。柳沼重剛『ギリシア・ローマ名言集』（岩波文庫）では「中国伝来のことわざではない」とされているが、同書で旧約のヨブ記の「水は石を穿ち」（一四-一九）にも言及されているように、むしろどこにでもある格言だということなのかもしれない。

（文／國方栄二）

西洋古典叢書

［2014］全7冊

★印既刊　☆印次回配本

●ギリシア古典篇

エウリピデス　悲劇全集 4　丹下和彦 訳

テオプラストス　植物誌 2　小川洋子 訳

プラトン　エウテュデモス／クレイトポン★　朴　一功 訳

プルタルコス　モラリア 3　松本仁助 訳

ルキアノス　食客 ―― 全集 3　丹下和彦 訳

●ラテン古典篇

アエリウス・スパルティアヌス他　ローマ皇帝群像 4☆　井上文則 訳

リウィウス　ローマ建国以来の歴史 5★　安井　萠 訳

●月報表紙写真――イオニア地方のほぼ最南端に、コス島とロドス島の間を割るようにして細長く突き出た半島の先端にクニドスは位置している。古来交易の中継地として栄えるとともに、ヒッポクラテスの故地コスに対するクニドス派医学の中心地であり、また大数学者・天文学者のエウドクソス生誕の地でもあった。ただし、当時までのクニドスは半島の中途（約四〇キロメートル東奥）にあり、その後の位置に移ったのは、ちょうどエウドクソス晩年の時期であった（前三六〇年頃）。この地でもう一つ名高いのは、彼と同時代に活動したプラクシテレス制作のアプロディテ像である。今日ではローマ時代の模作しか伝わっていないが、最初の全裸像とされるその豊麗な姿を、彼らは誇りとし、円形の神殿を造営して、像の周囲をめぐって眺められるようにした。写真の円形台座はヘレニズム期に再建されたもの。（一九九二年三月撮影　高野義郎氏提供）

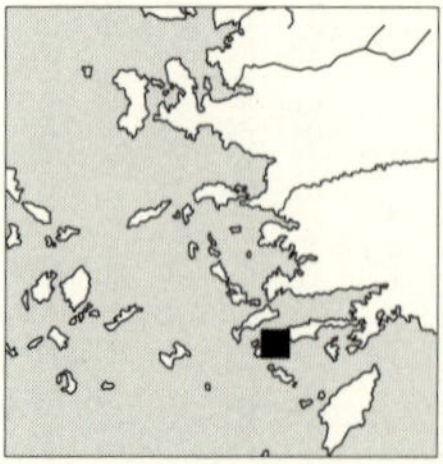

はまだわからない。いったいどっちに属する人だった？　君に近づいてきて哲学をけなした人というのは？　法廷で論戦するのに有能な人たちの部類に属していたのか、つまり、その人は弁論家の一人だったのか、それとも、そうした人たちを法廷に送り込む人の部類に属していたのか、つまり、その人は弁論家たちが論戦するのに用いる言論の作家だったのか。

C クリトン　いや、ゼウスに誓って、少しも弁論家ではなかったよ。またその人自身いまだかつて法廷には出たことがなかったようにぼくは思う。しかし彼はその仕事については、ゼウスに誓って、精通していると言われ、有能で手ごわく、また手ごわい言論を作成できる人でもあると言われている。

ソクラテス　ああ、もうわかったよ。そういった人たちについては、ぼく自身も今しがた話そうと思っていたところだったのさ。というのも、クリトン、その人たちは、プロディコス(3)が言っていたのだが、哲学者と政治家との境界にいる人であり、あらゆる人々のなかで自分たちがいちばん知恵があると思っていて、いや、知恵があるだけでなく、非常に多くの人々の間でもそのように思われていると考え、したがって世のす

(1)「この言葉通りに」がイソクラテスの修辞を示唆していることについては、廣川（一一一頁註（2））、二〇九頁参照。

(2) 直前でクリトンが言及している人たち、すなわちクリトンに語りかけてきた匿名の人物やそのたぐいの人たち。彼らは自分のことをたいへん知恵があると思っている（三〇四D五、三〇五C五以下参照）。

(3) 二五頁註（3）参照。

D べての人々の間で名声を博するのに邪魔になるのは、自分たちにとっては哲学にたずさわる人間たち以外に
はだれもいないと思っているような人たちなのだ。
　だから彼らは、この者たちを何の価値もない連中だと思われるような評判へと陥れたなら、もはや争う余
地なく、知恵に関する評判で得られる勝利の栄冠は、世のすべての人々の間で自分たちにもたらされるだろ
うと考えているのだ。なぜなら、彼らは本当は自分たちがいちばん知恵があると思っているが、個人的な議
論に巻き込まれるときにはいつでも、エウテュデモス一派の者たちに話を遮られたと考えるわけだからね。
彼らはしかし、自分のことを非常に知恵があると思っている——当然だろう。なぜなら、適度に哲学にかか
E わり、適度に政治にかかわっているからであり、それもきわめて当然の道理によるのだから——、というの
も、彼らは必要とされた程度にだけ両方のことに与るけれども、さまざまな危険や争いの外側にいながら、
知恵の果実を収穫していると思っているのだから。
　クリトン　するとどうなんだ？　君には、ソクラテス、彼らは一理あることを語っているように思えるわ
けかね。いや、なにしろその人たちの説は、たしかにある種のもっともらしさをそなえているからね。
306A 　ソクラテス　実際また、クリトンよ、その説は本当にもっともらしさをそなえているよ、真実をそなえて
いるよりもね。なにしろ、彼らに次のようなことを説得するのは容易ではないからね、つまり、人間であれ、
他のどんなものであれ、(1)ある二つのものの間にあって、両方を分けもっているかぎりのもの、つまり悪
いものと善いものからできているかぎりのものは、一方のものよりも善くなり、他方のものよりも悪くなる
ということをね。また、(2)同じことのためにあるのではない二つの善いものからできているかぎりのもの

は、それを構成している二つのもののそれぞれが有用となっている目的との関連では、二つのどちらのものよりも悪いものである。しかし、(3)同じことのためにあるのではない二つの悪いものから構成されていて、
B 中間にあるかぎりのもの、そうしたものだけが、両方の部分を分けもっていても、両方のそれぞれよりも善いものなのである。

したがって、もし哲学が善いものであり、政治にかかわる行為もそうであるならば、またそれぞれが別のことのためにあるならば、そしてそれらの両方を分けもつ人たちが中間にいるならば[1]、彼らは無意味なことを言っているのである——彼らはどちらよりも劣っているのだから——、またもしそれらが善いものと悪いものであるならば[2]、彼らは一方の人たちよりも善い人であり、他方の人たちよりも悪い人である。しかしもし両方が悪いものであるならば[3]、そのような場合には、彼らは何か真実を語っているであろうが、そうでな
C い場合にはけっして真実を語ってはいないのだ。そこでぼくが思うに、彼ら自身はそれらの両方が悪いものであるということには同意しないであろうし、また一方が悪いものであり、他方が善いものであるということにも同意しないであろう。いや、実際には、彼らは両方のものを分けもっていても、政治術と哲学が語るに値するものとなっているところの、それぞれの目的との関連では、どちらのものよりも劣っているのだ。そして彼らは真実には第三位であるのに、第一位であると思われることを求めているのだ。

---

(1) すなわち、(2)の場合。

(2) すなわち、(1)の場合。

(3) すなわち、(3)の場合。

ところで彼らには、その欲望を大目に見て赦してやるべきであり、腹を立ててはいけない、もっとも彼らのことは、あるがままにそのような人たちだと考えなくてはならないがね。実際、何であれ思慮にかかわる事柄を語り、勇敢に立ち向かって労苦を惜しまないような人なら、だれでもみなわれわれは愛すべきだからね。 D

三十二 哲学そのものの検査

クリトン そうとはいえ、ソクラテス、ぼく自身も自分の息子たちについては、いつも君に言っているように、この子たちをどう扱うべきか、途方に暮れているのだ。一方の子はたしかにまだ若くて小さいが、クリトブロスの方はもう年頃だし、彼のためになるような人を必要としているんだ。ところで、ぼくは君とつきあうたびに、自分が子どもたちのために、ほかの多くのことでは、たとえば、結婚についてなら、子どもたちができるかぎり素性のよい母親から生まれるようにとか、またお金に関しては子どもたちができるかぎり裕福になれるようにとか、そのような努力を懸命にしてきたのだが、それなのに子どもたち自身の教育についてはなおざりにしてきたのだとすれば、これはもうぼくには狂気の沙汰と思えるほどの気持ちになるのだよ。 E

ところが、人間を教育できると主張している人たちのだれかに目を向けると、ぼくはすっかり仰天してしまい、よく見てみると彼らの一人一人はまったく異様な人物であるようにぼくには思える、君に本当のこと 307A

を打ち明ければね。だからぼくはこの若者をどのようにして、知恵を愛し求める哲学へとふり向ければよいのかわからないのだよ。

ソクラテス　おお、愛するクリトンよ！　君は知らないのかね、どんな営みにおいても、くだらない連中はたくさんいて、何の値打ちもないけれど、他方、まじめな人たちは数少ないが、あらゆる価値があるのだということを。現に、体育術は立派なものだと君には思われないかね、また金儲け術や弁論術や、将軍術も。

クリトン　ぼくにはまったくもってそう思われるよ。

B ソクラテス　ではどうだろう。君はそうした技術のそれぞれにおいて、多くの者たちというのはそれぞれの仕事に関して笑うべき状態であるのを目にしないだろうか。

クリトン　目にするよ、ゼウスに誓って、君の言っていることは大いに真実だ。

ソクラテス　ではいったい、こういったことのために、君自身はこれらすべての営みから逃れ、君の息子さんにもそれらに向かわせるべきではないのだろうか。

クリトン　それは正しいことではないね、ソクラテス。

ソクラテス　それなら、クリトン、君はすべきでないことをしてはならず、哲学にたずさわっている人たちには、それが有用な人たちであれ、劣悪な人たちであれ、さよならを告げて、哲学という事柄そのものを
C 適切、かつ十分に検査したうえで、もしそれがくだらないものであると君に判明するならば、君の息子さんたちだけでなく、あらゆる人たちをそこから遠ざけるようにしたまえ。しかし、もしそれがぼくの思っているようなものであることが明らかになるならば、心を励ましてそれを追求し、修業したまえ、まさにことわ

(307)
ざに言われているように、「君自身も子どもたちもそろって」ね。(1)

(1) 含意は、「家族そろって」、「みんないっしょに」、「だれもかれも」。同様の表現が、『法律』第七巻八〇四D、『国家』第二巻三七二B)などにも見える。

クレイトポン――徳のすすめ

登場人物

ソクラテス

クレイトポン　悲劇作家エウリピデスの弟子と伝えられる政治家

一　ソクラテスの不機嫌

406A

ソクラテス　ある人が最近われわれに話してくれたんだが、アリストニュモスの子クレイトポン(1)は、リュ

(1) クレイトポンは『国家』第一巻三四〇A—Bでソクラテスと問答するトラシュマコスの側に立って、ソクラテス側のポレマルコスに反論する人物。年齢はポレマルコス（前四六〇頃—四〇四年）より若いと推測される。本篇以外に彼について知る手がかりは、アリストテレス『アテナイ人の国制』、およびアリストパネス『蛙』の二つである。アリストテレスによれば、クレイトポンはペロポネソス戦争（前四三一—四〇四年）後半期の「四百人の国制」樹立の際に「父祖の法（パトリオス・ノモス）」を調査参照するよう提案しており、また戦争終結期の「三十人政権」樹立の際には、「父祖の国制（パトリオス・ポリーテイアー）」を求める有力政治家テラメネスやアニュトスらと同じグループに属している（『アテナイ人の国制』（第二十九章、第三十四章）。他方、アリストパネスによれば、クレイトポンはエウリピデスの弟子としてテラメネスとともにその名を挙げられている（『蛙』九六七行）。これらの情報から、クレイトポンがテラメネスに近いやや保守的な政治家であろうと推測される。テラメネスについては『アテナイ人の国制』で「三十人政権」によって彼が処刑された事実を含め、彼の多くの政治行動が記されており、クセノポンの『ギリシア史』でもその政権での言動が詳しく伝えられているが（第二巻第三章一五以下）、クレイトポンに関してはそうした記述は見られず、彼の詳細は知られない。

めていたそうだ。

シアス(1)と対話している際に、ソクラテスとの談論を非難し、トラシュマコス(2)との話し合いの方をずいぶんほめていたそうだ。

クレイトポン　その人がだれであろうと、ソクラテス、私があなたについてリュシアスに話していたことを正しく報告していなかったのですね。というのも、私としてはあなたを、ある面ではほめなかったけれども、別の面ではほめていたのですから。

いや、あなたは何も気にしていないふりをしながら、私を責めておられるのは明らかですから、ここはもうよろこんで、私の方から直接あなたにその話の中身を詳しく語ることにいたしましょう、ちょうどたまま私たちは二人きりでもありますしね。そうすることによって、私があなたに対してつまらない態度をとっているとあなたがお考えになるのも少なくなるでしょう。なにしろ今のところ、たぶんあなたは正しくお聞きになっていないのでしょうし、その結果、あなたは必要以上に私に対して不機嫌なご様子に見えますから。けれども、もしあなたが私に話す自由を与えてくださるなら、もうよろこんで私はそれを受け入れ、何もかも語りたい気持ちなのです。

407A

ソクラテス　いいとも、君がぼくの利益になることをしようと熱心になっているのに、ぼくが我慢してしたがわないとしたら恥ずかしいことさ。なぜって、自分のどこが悪いところで、どこがましなところかを知れば、ぼくがましな方を訓練して追求し、悪い方を全力で避けるようにするのは明らかだからね。

二　クレイトポンの弁明——ソクラテスの勧告

クレイトポン　それなら、聞いてください。実際、ソクラテス、私はあなたと一緒にいて話を聞いていると、しばしば驚嘆させられたものです。そして、あなたが他の人々とくらべてこの上もなくみごとに語っていると私に思われたのは、あなたがまるで悲劇における機械仕掛けの神[3]のように、人々をとがめて次のような文句を唱え、語りかけるときなのです。

（1）リュシアス（前四五九頃—三八〇年頃）はポレマルコスの弟で、弁論作家として著名。父はシケリア島シュラクサイ出身でアテナイに移住した実業家の居留民ケパロス。ポレマルコスが「三十人政権」によって殺害されたとき、かろうじて助かったリュシアスは、後にその間の事情を彼の代表作『三十人』のメンバーであったエラトステネス告発（第十二弁論）』のうちに克明に記している。

（2）トラシュマコスは黒海入口のカルケドン（ビュザンティオンの対岸）出身のソフィスト。リュシアスとほぼ同年代と推定され、正義とは「強者の利益」と主張し、ソクラテスと激しく論戦する（『国家』第一巻三三八C以下）。

（3）「機械仕掛け（メーカネー）」とは、クレーンのような舞台装置。これによって登場人物を舞台上方に出現させるが、「悲劇における機械仕掛けの神」という語の含意は、不意に出現するもの、あるいは突然の強引な打開策。「悲劇作家たちは何かで行きづまったときに、機械仕掛け（メーカネー）に逃げ込んで神々を登場させる」という言い方がなされる（『クラテュロス』四二五D）。しかし、ここでの「機械仕掛け」という表現については、アリストパネスの喜劇『雲』に登場するソクラテスが念頭に置かれている可能性も考えられる（『ソクラテスの弁明』一九C参照）。

(407) B 「おお、人々よ、君たちはどこへ運ばれてゆくのか？　君たちはなすべきことを何もしていないことに気づきもしないのだ、金銭に関してはそれが自分のものになるよう、ありったけの努力をするけれども、金銭を譲り渡す息子たちのことでは、彼らがそれを正しく使うすべを知るよう配慮せず、また、[1]まさに正義が学ばれるものであるなら、彼らにそれの教師を見つけてやろうともせず、あるいは、もし正義が練習でき訓練できるものならば、それを十分にしっかりと練習させ、訓練してくれるような人たちを見つけてやることもしない――いや、君たちは、もっとそれ以前に、肝心の君たち自身をそのような仕方で世話することさえしなかったのだ。[2]

C とはいえ、文字や音楽文芸や体育を君たち自身も、君たちの子どもたちも十分に学んだのだが――これこそ徳の完全な教育と君たちは考えているのだが――、それなのに金銭に関しては自分たちの悪いところが減らないのを見ていながら、どうして君たちは今の教育のやり方を見下さず、またこのような無教養ぶりを君たちにやめさせてくれるような人たちを探しもしないのか。しかるに、兄弟が兄弟と、そして国家が国家と、度はずれに、調和もなく衝突して争い合い、戦争ともなれば、非道きわまりないことを互いになしたりなされたりするのは、ほかでもない、こうした調子はずれと気楽さによるのであって、単に竪琴に対して歩調が
D 合わないなどといったことによるのではないのだ。

　しかし、君たちはこう主張する、不正な者たちが不正であるのは、無教育や無知のせいではなく、自発的にそうなっているのだと。しかも君たちはまた他方で、不正は醜く、神に憎まれるものであるなどとあえて語っているのだ。そうだとすれば、ともかくそのような悪いものをみずからすすんで選ぶような者が、はた

してだれかいるだろうか。快楽に打ち負かされる人ならだれでもそうなのだと、君たちは主張するだろう。それならその事態は不本意なものではないか、まさに打ち勝つことが本意であるならばね(3)。したがってどのようにしてみても、ともかく不正を行なうことは不本意なものであるというのが、議論の
E 証明するところであり、また、私的にはどんな人も、公的にはどんな国家も、この方面に今よりもいっそう多くの配慮をしなければならないということになる」。

三　ソクラテスのみごとな議論

さて、こうしたことを、ソクラテス、あなたがたびたび話しておられるのを聞くと、いつでも私はとても感心し、驚くほどほめ讃えるのです。またほかに、あなたがこれに続くことを主張なさっているときもそうなのです、つまりあなたによれば、身体の鍛錬はしていても、魂に配慮していない者たちというのは、別の、

(1) この箇所は原文に脱落が疑われ、底本は「配慮せず、また（ἀμελεῖτε καὶ）」（四〇七B五）という補足の語句を示唆しているが、採用してはいない。その語句を加えなくても文章は成り立つが、先行の「ありったけの努力をする」との対比で、その語句（ないし同様の語句）が伝統的に補われてきたので、それを訳出した。スリングズは語法や文法的な観点から、「気にかけることもなく（οὔτε φροντίζετε）」（四〇七B四）の補いを示唆しており（Cf. Slings, S. R., *Plato: Clitophon*, Cambridge, 1999, pp. 277–279）、ゴンザレス訳がそれにしたがっている。文意は変わらないであろう。

(2)『ソクラテスの弁明』二九D—E参照。

(3)『プロタゴラス』三五八C—D参照。

何かそういったことをしており[1]、支配すべき側のものに配慮せず、支配されるべき側のものについてすっか
り真剣になっているのだと。
またあなたが、何であれ用いるすべを知らないものなら、人はそれの使用をやめた方がよい、と言ってい
るときもそうなのです。だから、もし人が目や耳や身体全体を用いるすべを知らなければ、その人にとって
は聞くこともせず、見ることもせず、他のいかなる身体の使用もしない方が、どのような使用をする場合よ
408A りもまさっているということになります[2]。さらにまた、技術についても同様でしょう。というのは、実際、
自分の竪琴を用いるすべを知らない人ならだれでも、隣人の竪琴を用いるすべも知らないのは明らかですか
ら。そして、他人の竪琴を用いるすべを知らない人は、自分の竪琴を用いるすべも知らないのであって、他
のどんな道具やどんな所有物についてもそうなのです。
おまけに、あなたのこの議論は、まさに結論がみごとですね、すなわち、だれであれ魂を用いるすべを知
らない人なら、その人にとっては魂を静かにじっとさせておいて、生きていない方が、生きて自分なりに行
為するよりもまさっているのだと。しかしどうしても生きなければならない何らかの必然性があるなら、そ
B のような人にとっては、ちょうど船の舵を任せるときのように、思考の舵を、人間たちの舵取り術を学んだ
他の人に任せるようにしながら、自由人としてよりも奴隷として人生を過ごす方が、結局はよりよいのだと[3]。
その技術こそ、ソクラテスよ、あなたがしばしば政治術と名づけているものであり、その同じ技術をあなた
は、裁判術でもあり、正義でもあると語っているのです[4]。

四　徳のすすめ、その先は？

かくして、これらの議論や、ほかにもこの種の議論が数え切れないほど、まったくみごとに語られ、徳は
教えられるものであるとか、[5]何よりも自分自身に配慮しなければならないとか言われていましたが、[6]こうし
C た議論に対して私はいまだかつてほとんど反論したことはなく、今後いかなる時も反論することはないで
しょう。私はこうした議論はこの上もなく説きすすめる力があり、この上もなく有益であると考え、まさし
くわれわれをいわば眠りの状態から目覚めさせるようなものと考えているのです。

そこで私が関心を払っていたのは、その先のことを聞かせてほしいということなのですが、最初はあなた

（1）すなわち、なすべきことを何もしていない、あるいは、調子はずれのことをしている、ということ（四〇七B一—二、四〇七C六参照）。

（2）『エウテュデモス』二八〇B—二八一E、二八九A—B参照。

（3）『ソクラテスの弁明』二九B参照。

（4）この場合の正義は、司法術としての正義が念頭に置かれている（『ゴルギアス』四六四B—C参照）。もっとも、『ゴルギアス』では司法術を表わすのに「正義（ディカイオシュネー）」の語が用いられ、「裁判術（ディカスティケー）」という表現は避けられているので（アテナイの司法手続きへの疑念の可能性をドッズは示唆している）、ドッズはこの一文は、『ゴルギアス』よりもむしろ、裁判術と正義とが同定されている『恋がたき』（真作性が疑われている）一三七D、一三八Cに基づいていると推測している（Dodds, E. R., *Plato: Gorgias*, Oxford, 1959, p. 228）。

（5）『プロタゴラス』三六一A—B、『エウテュデモス』二八二C参照。

（6）『ソクラテスの弁明』三六C参照。

(408) に、ソクラテス、かさねて問いただすというようなことはせずに、あなたと同年輩の方々や、あなたと同じ熱意をもった人たち、あるいはあなたの仲間の人たちとかに、いや、あなたに対する彼らのその種の関係をどう名づけてよいものやら、ともかくそういった人たちに問いただしてみたのです。つまり、そのような者たちのうちで、あなたにとりわけひとかどと思われている人たちに最初に問いただしていったのです。その
D 先の議論はどうなるのかとたずね、しかもその問いを何かあなたのようなやり方で彼らに提出しながら。

「おお、この上もなくすぐれた方々よ！」と私は言いました、「諸君、われわれは今、徳へとわれわれを促すソクラテスの説きすすめ（プロトロペー）を、いったいどのように受けとめればよいのか。それはただそれだけのことであって、実際の事柄を追求していって、その事柄を完全に把握するなどということはできず、したがって、このこと、つまり、まだ説きすすめられていない人たちに説きすすめ、その人たちがまた別の人たちに説きすすめてゆくようにすること、これがわれわれの生涯にわたる仕事になるのだろうか。それと
E も、まさにそれは人間のなすべきことであることにわれわれは同意したのだから、われわれはその先のことをソクラテスに対して、そして互いに対しても問いただすべきなのだろうか、いったいそこから先はどうなるのかと。正義についての学びは、われわれの主張では、どのように始めるべきなのだろうか。

これはあたかも、ちょうど子どものようにして、体育術や医術といったものが存在することにわれわれの考えが少しも及ばないのをだれかが見て、われわれに身体に配慮するように説きすすめ、次にはこう言って非難するようなものなのだ。恥ずかしいことではないか、小麦や大麦、ぶどうなど、われわれが身体のために苦労して手に入れようとするかぎりのものについては、あらゆる配慮をしておきながら、肝心のものにつ

いては、つまり身体ができるかぎりすぐれたものになるように、そのための技術や工夫を、それらが現に存
在していても、何ひとつ見つけ出そうとしないというのは！
409A そこでもしわれわれが、このようなことをわれわれに説きすすめる人に、こう問い返したとすればどうだ
ろう。つまり、そうした技術とは何であるとあなたは言うのか、と。おそらくその人は、体育術や医術と答
えるだろう。それならば、まさに今もまたわれわれは、魂の徳のための技術とは何であると主張するのか。
どうかそれを語っていただきたい」。

五　技術としての正義

すると、彼らのうちで、これらのことに関して最も力があると思われる人が、私に答えてこう言ったので
す。いわく、その技術とは、ソクラテスが語っているのを君が聞いている当のものであり、正義にほかなら
ない、と。だが、私はこう言い返しました、「私に名前だけを言ってもらってもだめだ、むしろこういうふ
B うにしてくれたまえ。医術はある種の技術と言われているはずだ。しかし、それによってなし遂げられるも
のは二つあって、一つは、現にいる医者たちに加えて、別の医者たちをたえず作り出してゆくことであり、
もう一つは健康を作り出すことである。そして、これらのうち、後者はもはや技術ではなく、教えたり教え
られたりする技術の成果であって、まさにそれをわれわれは健康と言っている。
また、大工術の場合もこれと同じであって、家と大工術が作り出され、一方は成果であり、他方は教えら

(409) れる事柄なのである。したがって、正義の場合も同様であって、一つは、正しい人々を作ることであるとしよう、ちょうど技術の場合にそれぞれの技術者たちを作るようにしてね。しかしもう一つは、つまり、正しい人がわれわれのために作ることのできる成果、それは何であるとわれわれは主張するのか。(1)これを言ってくれたまえ」。

C その人は私の思うに、有益なもの、と答えたのですが、他の人は、しかるべきものと答え、また別の人は、利益になるものと答え、さらに利するものと答える者もいました。(2)そこで私は論点に立ち帰って言いました、「先ほどの場合にも、そうした名前だけのことなら、どの技術にもあることなのだ、正しくなすとか、利するとか、利益とか、その他そういったことはね。しかし、これらすべてが目指しているところの固有のものをこそ、それぞれの技術は語るだろう、たとえば、大工術が、よくとか、美しくとか、しかるべき仕方とかを主張するのは、もろもろの木製の器物が生み出されてくるようにするためであろう。だが、これらの器物

D そのものは技術ではないのだ。したがって、正義の場合も、これと同様の仕方で語っていただきたい」。

六　深まる疑問

最後に、ソクラテス、あなたの仲間の人たちのうちで、ある人が私に答えてくれたのですが、まさにその人は最も巧妙に語ったように思われました、すなわち、他のいかなる技術の成果でもないような、正義の固有の成果とは、もろもろの国家のうちに友愛を作り出すことなのだと。(3)しかしその人があらためてたずねら

れると、友愛とは善きものであって、いかなる場合もけっして悪いものではないと主張したのですけれども、子どもたちの友愛や野生の動物たちの友愛になると、われわれはそうしたものをその名前で呼んではいますが、その人は、かさねて問いただされると、それが友愛であることを受け入れなかったのです。なぜなら、
E 彼にとっては、そのようなものは善きものであるよりも有害である場合の方が多い、という結果になったからです。

そこで彼はこのような帰結を避けて、そういったものは友愛ではないと主張し、そのように名指している人たちは、まちがってそれらのものを名指していると言ったのです。そして、本当に、かつ真実に友愛であるのは、明々白々、心を一つにする協調であるのだと。ところが、その協調について、それは意見の一致[4]のことを言うのか、それとも知識のことを言うのかとたずねられると、彼は意見の一致の方を却下したのです。というのは、人間たちの意見の一致は、必然的にその多くが有害なものと見なされたのですが、彼は、友愛の方はいかなる場合も善きものであり、正義の成果であることにすでに同意していたからです。したがって、協調はこれと同じものであり、知識であって、意見（思わく）ではない、と彼は主張したのです。

（1）『エウテュデモス』二九一E参照。

（2）『国家』第一巻三三六C―Dで、こうした答えをトラシュマコスは強く拒絶しており、この点ではクレイトポンも同じ立場であろう。

（3）『国家』第一巻三五一D参照。

（4）「意見の一致（ホモドクシアー）」という用語は、『国家』第四巻四三三Cに見える。

410A ところで、われわれが行きづまりながらも、議論においてここまでやって来たときに、その場にいた人たちは彼に打撃を加えて、こんなふうに言うことができるほどだったのです、すなわち、議論はめぐりめぐって最初と同じところに戻ってしまったではないか、と。そして彼らはこう言ったのです、医術もある種の協調であり、どんな技術もそうなのであって、それらはみな自分が何にかかわっているかについて語ることができる。それなのに、君によって語られている正義とか協調はといえば、それがどこに向かっているのか、まったくとらえどころがなく、それの成果がいったい何であるのかも不明なのだ、と。

七　ソクラテスへの要求

こうしたことを、ソクラテス、私は最後にあなた自身にもたずねてみたのですが、あなたは私に対して、
B 正義には、敵を害し、友によくすることが属すると言ったのです[1]。しかしあとになって、いかなる時も正しい人は、だれをもけっして害さないのだと判明しました[2]。なぜなら正しい人は、あらゆることをあらゆる人に利益になるように行なうのだから、というわけです。

しかしこのようなことを一度や二度ではなく、まさに長い間ずっと我慢したあげく、ついに私は食い下がるのをあきらめてしまいました。あなたは徳の心がけへと説きすすめることは世のだれにもましてみごとに行なうけれども、次の二つのうちどちらかだと認めたからです。一つは、あなたができるのはただそこまでのことであり、それ以上のことは何もないということであって、このようなことなら他のどのような技術に

ついても起こりうることなのです。たとえば、舵取りでなくともその技術について、それが人間にとってど
C れほど価値のあるものか、その賞讃の言葉をよく練習しておくことがそうであって、これは他の技術についても同様に言えることなのです。

だから、あなたに対してもたぶん正義について同じことを責めてくる人がいるでしょう、すなわち、あなたが正義をみごとに賞讃しているからといって、それだけ正義の識者であるわけではないとね。もちろん、私の立場というのは、このようなものではありません。が、二つのうちどちらかなのです、つまり、あなたは正義を知らない、ということなのか、それともそれを私と共有したくない、ということなのか、このどちらかなのです。まさにそれゆえに、私はトラシュマコスのところに行くでしょうし、他のどこへでも赴くことのできるところに行くでしょう、行きづまって困惑しながら。

D とはいえ、もしあなたが私に対して、以上のような説きすすめの議論（プロトレプティコス・ロゴス）をもうやめる気があるなら、たとえばもし体育術について言えば、身体に配慮しないのはいけないとすでに説きすすめられていて、その説きすすめの議論に続くものを、たとえば、私の身体は生まれつきこうだから、こ

（1）これはソクラテスではなく、ポレマルコスが持ち出した見解（『国家』第一巻三三二A参照）。しかしこの見解は、『正義について』（偽作と見なされている）三七四Cでは、ソクラテス自身によって語られており、また、クセノポンでは同様の見解がソクラテスによって「男の徳」として言及されている（『ソクラテス言行録』第二巻第六章三五）。

（2）『国家』第一巻三三五D、および『クリトン』四九C参照。

れこれの世話が必要なのだと、こうあなたが語ったとしたなら、今の場合も同じことがなされるようにしていただきたいのです。

E

すなわち、このクレイトポンは、他のいろいろな事柄への配慮はしても、われわれが他のさまざまな苦労をそれのためにしているところの肝心の魂、これに配慮せずにいるのは笑うべきことだという、この点については同意しているものとしてください。そして、今しがたも詳しく述べたような、こうしたことに続く他のすべてのことも、今、私が以上のように語り終えたのだとお考えになってください。

そのうえで、あなたにお願いして私が言おうとするのは、けっして別のことはしないでほしい(1)、ということなのです、そうすれば、今と同じような調子で、私がリュシアスや他の人たちに対して、あなたをある面では讃え、他の面では何か非難するといったこともなくなるでしょうからね。それというのも、まだ説きすすめられたことのない人間にとっては、ソクラテスよ、あなたは絶大な価値のある人だと私は主張するでしょうが、すでに説きすすめられた者にとっては、徳の完成に到って幸福になるには、あなたはほとんど妨げでさえあるのですから。

(1) すなわち、的はずれなことをせず、肝心のことを語ってほしい、ということ。

解説

『エウテュデモス』と『クレイトポン』の位置

本書には、プラトン（前四二七―三四七年）の『エウテュデモス』と『クレイトポン』の二篇が収められている。これら二篇をつなぐものは、「哲学のすすめ（プロトレプティコス・ロゴス）」である。『エウテュデモス』は、プラトンの著作中、ソクラテス（前四六九―三九九年）による「哲学のすすめ」の原型を示している唯一の作品であり、『クレイトポン』はそのような「すすめ」に対する賞讃と困惑を表明した異色の小篇である。『クレイトポン』は近代になって、プラトンの作品かどうか、その真作性が疑われてきたが、ソクラテスの哲学への根本的な批判と要求を提出しており、作品そのものの価値が疑われることはほとんどなかった。今、『クレイトポン』を真作と想定すれば、[1] これら二篇はいつごろ書かれ、プラトンの著作群のどこに位置すると考えられるであろうか。

プラトンの著作（三〇数篇）は通常、前、中、後期の三期に分けられる。人生の変遷とともに、彼の作品の内容もおのずと変化してゆくだろう。紀元前三九九年春、プラトンが二八歳の時、劇的な裁判を経てソクラテスは毒杯を仰ぎ、妻や友人たちの暗涙、悲嘆のなか、刑死した。享年七〇歳。刑執行の当日、プラトンは病気だったと伝えられている（『パイドン』五九B）。その後プラトンは友人や知人を訪ねながら、メガラへ、キュレネへ、イタリアへ、そしてエジプトへ旅をしては、(2) 記憶のなかから忘れがたいソクラテスの対話場面を取り出し、再構成しながら作品に描いていった。およそ一〇年におよぶ、この遍歴時代に書かれたものが前期作品群（初期対話篇）である。『ソクラテスの弁明』をはじめとして一〇篇あまりの作品が書かれたと推定されるが、それらの一つ一つはソクラテスの哲学活動の再現であり、プラトンの想像の所産である。

ふたたび旅に出て、はじめてシケリア（シシリー）を訪れたプラトンは、帰国後アテナイに学園アカデメイアを創設し、そこで教育研究の生活に入る（前三八七年頃）(3)。以後、八〇歳で生涯を閉じるまでの四〇年間にわたって書かれたものが、彼の中期、後期の作品群であるが、本書の『エウテュデモス』は、この最初のシケリア訪問の前後に執筆されたものと推測される(4)。プラトン四〇歳、いわゆる不惑の頃の、ギリシア風に

（1）『クレイトポン』の真偽問題については、一九八頁以下参照。

（2）ディオゲネス・ラエルティオス『ギリシア哲学者列伝』第三巻六。

（3）『第七書簡』三二四A、およびディオゲネス・ラエルティオス『ギリシア哲学者列伝』第三巻七参照。アカデメイア創設の時期に関する諸解釈については、廣川洋一『プラトンの学園アカデメイア』（岩波書店、一九八〇年）第三章「創設の時期」参照。

（4）ドッズは『エウテュデモス』をプラトンの第一回シケリア旅行前に位置づけ、他方、『ゴルギアス』や『メノン』をその帰国後に位置づけているが（Dodds, E. R., *Plato: Gorgias,* Oxford, 1959, p. 27）、ホートリーはそれらはすべて帰国後に書かれたものと推測し、特に『エウテュデモス』と『メノン』は「ペアとして書かれた」と思われ、どちらが先かを言うことはできないと結論している（Hawtrey R. S. W., *Commentary*↙

言えば、盛年（アクメー）の頃の作品であろう。ちょうど、前期から中期にさしかかる時期の作品（しばしば「移行期対話篇」と呼ばれる）である。ローマの学者トラシュロス（後一世紀）に由来すると見られる九つのテトラロギアー（四部作集）形式の分類では、その作品は第六テトラロギアー（『エウテュデモス』『プロタゴラス』『ゴルギアス』『メノン』の四作）に属している。[1]

他方、『クレイトポン』の位置は判定しがたい。文体的観点からは、それは後期作品群、あるいは『国家』篇以後の作品に属するのではないかと見られている（プラトンの六十代後半から七十代）[2]。しかし内容的に見れば『クレイトポン』は、「哲学のすすめ」との関連では『エウテュデモス』の後に、またソフィストのトラシュマコスやプラトン自身の正義論との関連では『国家』第一巻の前か、後に位置づけられるであろう。テトラロギアー形式では、それは『国家』篇の前に置かれ、第八テトラロギアー（『クレイトポン』『国家』『ティマイオス』『クリティアス』の四作）に属している[3]。この位置づけについてはしかし、依然として議論の余地があり、『クレイトポン』の真偽問題を扱うところで、あらためて触れることにしよう。

『エウテュデモス』の対話年代、主題、および構成

a　対話年代

プラトンは過去の出来事を回想して作品を書いている。その出来事については、彼が直接記憶しているものもあれば、想像上のものもある。いずれにせよ、作品は哲学的に重要な出来事（対話、および対話をめぐる

状況）の再現を意図している。『エウテュデモス』は、ある日、アテナイ東郊外の体育場リュケイオンの脱衣場でなされたソフィストのエウテュデモス兄弟とソクラテスらとの対話を、ソクラテスが翌日に親友クリトンの求めに応じて報告し、またその報告について彼がクリトンと語り合う内容になっている。この対話はいつ頃の出来事であろうか。

本篇自体にいくつかの手がかりがある。エウテュデモス兄弟が南イタリアのギリシア人植民都市トゥリオイに移住し（前四四三年頃）、そこから追放されて長年が経過していること（二七一C）。ソクラテスを恋する政治家アルキビアデス（前四五〇―四〇四年）が存命中であること（二七五A）。またソフィストの大御所プロタゴラス（前四九〇―四二〇年頃）が故人になっているように見えること（二八六C）。これらのことから推定

↙*on Plato's Euthydemus*, Philadelphia, 1981, p. 10)。ただ、『エウテュデモス』はそこで論じられる「問答家（ディアレクティコス）」との関連で、そのテーマを扱っている『国家』との密接な連関を示しており、より後の執筆年代を想定することも可能かもしれない（Cf. Burnyeat, M. F., "Plato on how not to speak of what is not: *Euthydemus* 283a-288a" in *Le Style de la Pensée: Recueil de textes en hommage a Jacques Brunschwig réunis par Monique Canto-Sperber et Pierre Pellegrin*, Paris, 2002, p. 63, n. 46)。

（1）ディオゲネス・ラエルティオス『ギリシア哲学者列伝』第三巻五九。

（2）ブランドウッドは、『クレイトポン』を『ピレボス』や『ソピステス』などの後期作品群に位置づけており（Brandwood, L., "Stylometry and Chronology" in *The Cambridge Companion to Plato*, ed. R. Kraut, Cambridge, 1992, p. 112）、スリングズは『国家』篇以後のものに近いと想定している（Slings, S. R., *Plato: Clitophon*, Cambridge, 1999, p. 227）。

（3）ディオゲネス・ラエルティオス『ギリシア哲学者列伝』第三巻六〇。

すれば、このドラマの年代は前四二〇年から四〇四年の間ということになるが、ソクラテスは論争術を学ぶにはすでに「年を取りすぎている」と言われており（二七二B）、彼が六〇歳をこえているとすれば、本篇の対話は前四〇九年から四〇四年頃までの間になされたということになるだろう。ソクラテスは六十代前半であり、エウテュデモス兄弟は彼よりもいくらか年長である。作者のプラトンはその頃、二〇歳前後ということになろう。

b　主題

プラトンの作品はドラマであるが、哲学的対話の再現である。言いかえれば、問答による探求の再現である。作品が一つの作品としてまとまっているかぎり、探求の中心的な問題（主題）が考えられるが、『エウテュデモス』には古くから「論争家（ないし争論家、エリスティコス）」という副題がつけられている。[(1)] その副題がプラトンにまで遡るかどうかは定かでないが、登場人物の名前を表題にする他の作品同様、それは『エウテュデモス』の実質的な主題を示す意図をもつものであろう。

「エリスティコス」とは、「エリス（争い）」から派生した語であり、もともとは「争い好き」を意味する形容詞である（動詞は「エリゼイン（争う、口論する）」）。その語はプラトンによってしばしば用いられているが（『リュシス』二一一B、『メノン』八〇E）、ここでは表題になっている人物エウテュデモス、ならびにその兄ディオニュソドロスのような、論争術を身につけ、もっぱら議論を駆使して相手を打ち負かすことをねらいとするソフィストたちを指す言葉、と一応考えられる。「競技において何としてでも勝利を収めようとする者たちが、あらゆる策を講ずるように、議論においても論争家たちは同様のことをするのである」と後にアリストテレスも記している（『ソフィスト的論駁について』第十一章一七一b二四―五）。

しかしながら、「論争家」という呼称は、『エウテュデモス』のなかには一度も現われないのであり、その呼称が特定の人物集団を指すのかどうかも明らかでない。のみならず、『エウテュデモス』では意外なことに、ソクラテス自身が論争術を身につけたいと言っているのである（二七二B）。これはどういうことであろうか。他方、当のエウテュデモスやディオニュソドロスが、「哲学」にたずさわる知識人として描かれているのである（三〇四E）。哲学は論争とは無縁ではなく、哲学者と「論争家」との識別も容易でないことが暗示されているであろう。[2] 弱論を強弁する者、このイメージはすでに古くからソクラテスに結びつけられていたのであり、彼に対する告発の間接的原因にもなっていた（『ソクラテスの弁明』一九B）。一見、喜劇的対話篇と見られる『エウテュデモス』には、ソクラテス裁判の遠因が影を落としているであろう。

論争術の論議とソクラテスの哲学的対話、両者はどこで重なり、どこで区別されるのか。どちらも個人と個人との間で交わされる問答であり、この点では同じであって、それらは一人の政治家や、一人の弁論家が

（1）ディオゲネス・ラエルティオス『ギリシア哲学者列伝』第三巻五九。

（2）「論争家」とは特定の人物集団を指す名称ではなく、むしろ相手を非難する言葉であり、それはさまざまな人が自分の好みに応じて相手に適用しうる用語であったとグロートは注意している（Cf. Grote, G., *Plato and the Other Companions of Sokrates* I, London, 1865, p. 554 n. r.）。

多数の聴衆に語りかけ、何か特定の見解を説得しようとする弁論術の言論とは異なるであろう。論争と対話はもとより演説ではなく、個人間の問答という形式においては一致しているのである。それらの相違はむしろ、一方が相手を論駁して勝利を収めることを目指し、他方が問題を探求して真理を明らかにしようとする点にある。つまり、目的が異なるのである。

ところが、よく知られているように、前期作品群のソクラテスの対話法は問答によって相手の見解を吟味論駁し、無知をあらわにする論駁法（エレンコス）であって、議論は二転三転しながら問題の最終的な解決には至らない。つまり、真理を目指しながら真理には届かず、相手はソクラテスの議論によって引きずり回されながら、最後には論駁されるのである。しかもほとんどつねに論駁され（ソクラテスが負けることはないが、物別れになることはある）、論駁そのものが対話の目的であるようにさえ見える。この局面においてソクラテスの哲学的対話は、論争的性格を帯びることになる。ソクラテス以上に「徹底的に論争的な人」はいなかった、とグロートは述べている[1]。

論争術のいわば戯画を提示することによって『エウテュデモス』の全体が問いかけるのは、そもそも「哲学とは何であるか」という問いであり、これが「論争家」という副題の裏に隠れた、作品の真の主題とも見られるだろう。時は流れ、およそ七八〇年後、古代末期にアウグスティヌス（後三五四―四三〇年）は、一九歳の若き日をふり返り、「知恵への愛はギリシア語でフィロソフィアと呼ばれますが、あの書はこれで私を燃え上がらせたのでした」（『告白』第三巻第四章）と述懐している。彼を哲学で燃え上がらせた「あの書」とは、キケロの失われた著作『ホルテンシウス』（ホルテンシウスはキケロのライバルであり、友人の弁論家・政治家）のことであり、『ホルテンシウス』の起源を辿れば、アリストテレスの『哲学のすすめ』を経由して、われわれは『エウテュデモス』に行き着くであろう。

実際、『ホルテンシウス』の感動から一〇年あまり後に、アウグスティヌスは回心を経て、『幸福な生について』（三八六年）を書いているが、そのなかで、「われわれは幸福であることを望んでいる（beatos nos esse volumus）」という文章を記している（第二章一〇）。これは『エウテュデモス』二七八Eの「すべての人間は幸せであることを望んでいる」という、「哲学のすすめ」の前提となる言葉をラテン語に「ほとんどそのまま直訳したようなもの」にほかならない。[2]『エウテュデモス』は古代における「哲学のすすめ」の伝統の源であり、哲学が人生において実質的な意味をもちうる条件は何か、これを問いかける対話篇であるように思われる。

c 構成

『エウテュデモス』は、均斉のとれた作品である。[3] 全体の構成をおおよその内容とともに示せば次のよう

（1）Grote, G., *Plato and the Other Companions of Sokrates* III, London, 1865, p. 479.
（2）田中美知太郎『哲学初歩』（岩波書店、一九五〇年）二〇〇頁参照。
（3）Sprague, R. K., *Plato's Use of Fallacy*, London, 1962, p. 1. なお、以下の構成区分はスプレイグに準拠しているが、各部の内容の見出しは訳者による。

になるであろう。

序　幕（二七一A—二七五C：第一—四章）——ソフィスト兄弟・論争術・徳の伝授
第一場（二七五C—二七八E：第五—七章）——論争⑴：「学ぶこと」をめぐって
第二場（二七八E—二八二E：第八—十章）——哲学のすすめ⑴：幸福と知恵
第三場（二八三A—二八八D：第十一—十六章）——論争⑵：虚偽不可能論
第四場（二八八D—二九三A：第十七—十九章）——哲学のすすめ⑵：求められる知恵
第五場（二九三B—三〇四B：第二十—二十九章）——論争⑶：詭弁に対する詭弁
終　幕（三〇四B—三〇七C：第三十—三十二章）——哲学という事柄そのものへ

最初の、ソクラテスとクリトンとの導入的なやりとりがドラマのいわば序幕（第一—四章）を構成し、最後の、ソクラテスとクリトンとの結論的なやりとりが終幕（第三十一—三十二章）を構成している。それらの間に、五つの議論の場面が組み込まれており、その第一場（第五—七章）、第三場（第十一—十六章）、第五場（第二十—二十九章）がエウテュデモスらによる詭弁的な論争場面であり、第二場（第八—十章）と第四場（第十七—十九章）がソクラテスによる哲学的な対話場面である。その対話内容は、一言でいえば、「プロトレプティコス・ロゴス」と呼ばれるものである（二八二D）。

「プロトレプティコス」の原意は、「あるものの方へと前に（プロ）向かわせる（トレプティコス）」ことであり、その語は、促す、励ます、説きすすめる、といった意味をもつ形容詞である（もとになる動詞は「プロトレペイン」）。したがって、「プロトレプティコス・ロゴス」の直訳は「説きすすめの議論（言葉）」であるが、ここでの含意は、哲学のすすめ、徳のすすめであり、その用語は後の時代に単に「プロトレプティコス（すすめ）」と略され、「プロトレプティコス」というギリシア語は「哲学のすすめ」の意味をもつ語として単独で用いられるようになる。[1] また、この第四場の後半には（第十八、十九章）ソクラテスとクリトンとのアポリアー（行きづまり）にいたる重要なやりとりがあり、ソクラテスの哲学の、あるいは哲学そのものの限界状

（1）「哲学のすすめ」を意味する「プロトレプティコス」という略された表現は、プラトンと同時代のソクラテス学徒アリスティッポスだけでなく、プラトン以後のアリストテレス、テオプラストス、そしてテオプラストスの弟子デメトリオス、さらにはエピクロスなど、さまざまな哲学者たちによって、著作名として採用されている（ディオゲネス・ラエルティオス『ギリシア哲学者列伝』第二巻八五、第五巻二二、四九、八一、第十巻二八参照）。哲学以外の分野（医学や体育など）でも「プロトレプティコス（すすめ）」が書かれていた事実を含め、最後期の新プラトン派のイアンブリコス（後二四〇―三二五年頃）に至るまでの、「プロトレプティコス」の伝統については、田中美知太郎「プロトレプティコス」（『田中美知太郎全集』第五巻、筑摩書房、一九六九年、二〇六―二八一頁。初出『哲学研究』一九三八／三九年）、および「『学問のすすめ』にはどういう伝統があるか」（田中美知太郎『学問論』〔筑摩書房、一九六九年〕第一章）、また廣川洋一訳『アリストテレス「哲学のすすめ」』（講談社学術文庫、二〇一一年、一四〇―一八七頁）参照。哲学のプロトレプティコスとしては、『エウテュデモス』の議論（二七八E―二八二E、二八八D―二九三A）と、イアンブリコスの『哲学のすすめ』の二つだけが現存する。後者の第六―十二章には、アリストテレスの失われた『哲学のすすめ』が保存されていると考えられている（廣川洋一訳『アリストテレス「哲学のすすめ」』の「はじめに――テクストについて」参照）。

況が示されているようにも思われる。

作品の場面場面はそれなりに独立しているが、全体は善き生に必要な知恵とは何かという問題によって貫かれている。作品全体を通じて、相手をやりこめる詭弁的な論争と相手を励ます哲学的な対話とが交互にくり返され、両者の対比が際立っている。あまりにも際立っているので、「哲学のすすめ」における穏やかで人を励ますソクラテスは、論争的な、歴史的ソクラテスとは非常に異なっていると疑われるほどである(1)。もっとも、人を励ますソクラテスと論争的なソクラテスとは、互いに相容れないわけではない。どのような相手と何について対話するかによって、ソクラテスの言葉や態度もおのずと異なるであろう。

『エウテュデモス』の概要と論評

『エウテュデモス』は楽しい作品である。同時に重要な作品でもある。最終的に、哲学の価値が問われるからである。『エウテュデモス』における論争術のさまざまな実例はまるで茶番のように見え、くり広げられる詭弁的な議論の誤りもたやすく見てとれるかもしれない。なかには、議論の誤りの根をソクラテスみずからが解き明かしているものもある。が、一見、詭弁的と思われる奇妙きてれつな議論も、われわれの通常の思考を揺さぶり、思わぬ局面をひらく可能性を秘めている。子どもだましのようなふざけた言葉も、何ごとかに触れているからである。ソクラテスがソフィスト兄弟に弟子入りを希望するのも、理由のないことではないであろう。以下では、作品の全般的な理解のために、ドラマの展開に沿って場面ごとに、そのつど必要と思われるところに一定の論評を加えてゆくことにする。これによって、作品の奥行きをいくらかでも掘り起こすことができればと思う。

序幕（二七一A―二七五C：第一―四章）――ソフィスト兄弟・論争術・徳の伝授

まずは、作品の構造についてひと言。最初に友人クリトンの求めに応じてソクラテスは出来事の一部始終を報告するが、クリトンはすべてをただ黙って聞いているだけではなく、途中でソクラテスと議論し（第四場後半）、最後には匿名の人物[2]の発言を伝えながら、報告全体に対する所感を述べて、ソクラテスに意見を求めている。このように作品の始め（序幕）、中間（第四場後半）、終わり（終幕）でなされるソクラテスとクリトンとの直接的な対話が『エウテュデモス』全体のいわば外枠をなしており、他方、ソクラテスによる報告部分のリュケイオンでの対話場面（第一―第五場）が作品の骨格をなしている。要するに、二重構造なのである。

そして、作品のテンポは速い。ソフィスト兄弟の繰り出す質問の速さが緩急のリズムを生み出し、そのよ

（1） Grote, I, p. 536. またヴラストスは『エウテュデモス』においてソクラテスのエレンコス（論駁法）が終焉を告げている（すなわち、対話相手に批判されず、ソクラテス自身が問い手と答え手の二役を担っている）と見て、この対話篇を『リュシス』や『ヒッピアス大』とともに、歴史的ソクラテスからプラトンへの移行を画する作品の一つと認定している（Vlastos, G., *Socratic Studies*, Cambridge, 1994, pp. 29-30）。

（2） イソクラテスのことと推定されている（一一一頁註（2）参照）。

うに感じられるのである。外枠から骨格へ、骨格から外枠へという、まるで推理小説的な場面転換がドラマへのわれわれの関心をかき立てるが、内容的に外枠はクリトンの子どもの教育という切実で、現実的な問題にかかわっており、ここにおいて骨格の哲学的議論の意義が問われることになる。外枠は現実の日々の世界と触れており、骨格は言葉の世界である。言葉の力は最後には現実のなかで試され、その真価が検証されねばならない。骨格の対話への参加者は、ソクラテス、エウテュデモスとディオニュソドロス、少年のクレイニアス、そして彼を愛する若者クテシッポスの五名である。

はじめにクリトンはソクラテスに、前日にリュケイオンで対話していた人物についてたずねる、「だれだったかね？」と。なぜたずねたのであろうか。このたずね方は哲学的ではなく、うわさや通常の好奇心の範囲のものであって、クリトンには哲学への通路がふさがれている、とシュトラウスは示唆しているが[1]、より直接的な理由は、彼の世間一般的な好奇心ではないであろう。クリトンは哲学の話を聞くのが好きであり、学びへの意欲ももっているからである（三〇四C）。実はその場にクリトンもいたのであるが、あいにく「人だかり」で何も聞けず、背伸びしても様子しかわからなかったのである。「人だかり」はこのドラマの本質的特徴である、とグロートは注意している[2]。それはソフィストたちの（そして、取り巻く人たちの）願望を象徴するものだからである。

この点は、われわれが作品を読み進めるにつれて次第に印象づけられるが、作品の最後に至ると、最初の「だれだったかね？」というクリトンの問いかけがより重大な意味をもつことに気づかされるであろう。「だれ？」に対する関心よりも、「哲学という事柄そのもの」への関心がクリトンに（あるいは、読者に）促されるからである。[3] この観点に立てば「だれだったかね？」という問いは、ふり返れば、いったいその人は「何者だったのか？」という、より本質的な意義を帯びることになるだろう。

人だかり、その中心にいた人物こそエウテュデモスであり、ソクラテスの右側に座っていたが、ソクラテスと彼との間には、クリトンの子クリトブロスと同じ年頃の美少年クレイニアスがいた。他方、ソクラテスの左隣にはエウテュデモスの兄ディオニュソドロス（何度も横から口を挟み、後の一九七Cで蟹に喩えられる。ちなみに、エウテュデモスは水蛇に喩えられ、やや頭の回転の鈍い兄を先導する）がおり、兄弟は驚嘆すべき知恵の持ち主で、武装して戦う能力があり、以前にはそれを他人にも教え、さらには法廷での戦いや言論についても教えていたが、今ではその知恵に究極の仕上げをして、恐るべき能力を身につけていた。それがほかならぬ論争術であって、議論で戦い、そのつど語られることを、それが真実であろうと偽りであろうと同じように論駁する技術である。したがって、どんなことでも、何もかも論駁する彼らには、何らかの特定の主義とか、何々派といったラベルを貼りつけることができない。[4]「万能戦士」である彼らは、ある種の自由人なのである。

（1）Strauss, L., "On the *Euthydemus*" (*Interpretation* 1, 1970) in *Studies in Platonic Political Philosophy*, Chicago, 1983, p. 68.
（2）Grote, I, p. 532.「人だかり（オクロス）」は三〇四Dでも言及され、その情景についてはくり返し報告される（二七六D、三〇三B）。
（3）この点は、Burnyeat, p. 66 の論述に負っている。
（4）Cf. Burnyeat, p. 55 n. 28.

真実をも論駁する（おそらく、ねじ曲げる）技術、ソクラテスはその能力に魅せられ、彼らの弟子になろうとし、クリトンにもすすめる。このすすめはソクラテスがソフィスト兄弟と論戦する前ではなく、その後になされており、したがって、論戦を踏まえた上でのソクラテスの弟子入りは本気であるように見える。アイロニーとも解されるが、なかば本気であろう。論争術には「何か美しいもの」があるにちがいない、とソクラテスは見ているからである（二八八C参照）。クリトンは、まさに「全知の人」である彼らの知恵が何であり、自分たちが実際に何を学ぶことになるのかを知りたいと思う。かくして、ソクラテスはソフィストたちとの昨日の出会いを詳細に語ることになる。

＊＊＊

ソクラテスは脱衣場のところに一人でいたが、立ち去ろうとしたときにどういうわけか、例のダイモーンの合図が起こる。ダイモーンの合図はソクラテスの行動を差し止めるものであり、次に起こる出来事が重大なものであることを暗示している。(1) ソクラテスがそのまま腰をおろすと、たまたまエウテュデモスとディオニュソドロスが入ってきたのである。これが合図の告げ知らせたものであろう（その意味は、ソフィスト兄弟による徳の伝授の重大さにある）。まもなくしてクレイニアスがクテシッポスらとともにやってくると、ソクラテスは彼に、エウテュデモスとディオニュソドロスを紹介し、彼らのもつ軍事に関する知識を賞讃したのであるが、意外なことに、彼らはこれを一笑する。そんなことは、もはや「片手間の仕事」にすぎない、と。

今や彼らの本業は、徳をだれよりも立派に、かつすみやかに授けることだという。ソクラテスは驚き、彼らを大帝国を支配するペルシア大王以上に祝福するとともに、その知恵を披露してくれるように求めて、こうたずねる。

あなたがたから学ぶべきだとすでに確信している人だけを、あなたがたはすぐれた善き人にすることができるのでしょうか、それとも、徳とはおよそ学びうるものではないと思っていたり、あるいはあなたがたのことを徳の教師ではないと思っていたりしているために、まだ確信がもてないような人までも善き人にすることができるのでしょうか。さあどうでしょう、そのような状態の人に対してさえ、徳は教えられるものであること、また人がそれをいちばんよく学びうるのはあなたがたのもとにおいてであること、これらのことを説得するのも同じ技術の仕事なのでしょうか、それとも別の技術の仕事なのでしょうか。（二七四D—E）

彼らは同じ技術の仕事だという。すなわち、彼らは徳を授けることに有能なだけでなく、さらに徳が学びうるものであることを、そう思っていない人にも説得して、徳へと向かわせることにかけても有能である、と主張しているのである。これを受けて、ソクラテスは次のように言う。

とすれば、あなたがたは、今の時代の人々のなかでは最もよく人を知恵を愛する哲学へと、そして徳の心がけへと向かわせることができるのでしょうね。（二七四E—五A）

若干の注意が必要である。彼らは同意するが、ここでは、知恵を求める哲学と徳を心がけることとは同じ

（1）Sprague, 1962, pp. 1-2.

ものと考えられているからである。言いかえれば、求められる知恵と徳は同じものと捉えられているのである。これ（徳＝知恵）はソクラテスの想定とも見られるが、ソフィスト兄弟の立場でもある。知恵こそ彼らの論争術の示すべきものであり、論争術そのものだからである。論争術を身につけた人こそ知恵のある人、すぐれた善き人、すなわち、徳のある人なのである。徳とは単なる正義や勇気ではない。それは何よりも知恵にほかならず、この見解においてソフィスト兄弟とソクラテスは一致するであろう。だが、それはどのような知恵なのか、この点において彼らとソクラテスは見解を異にし、両者の哲学の内実も異なるであろう。

ソクラテスは彼らに、若いクレイニアスのために他のことはさておき、何よりも徳への心がけを説得するように求めると、彼らは自信に満ちた様子で応じる。

第一場（二七五C―二七八E：第五―七章）――論争(1)：「学ぶこと」をめぐって

ここから実演が始まる。まずエウテュデモスはクレイニアスに、学ぶ人たちは知恵のある者か、無知な者かとたずねる。知恵のある者です、とクレイニアスは答えるが（無知な者はそもそも学ぶ意欲がないと考えるからであろう。『リュシス』二一八A、『饗宴』二〇四A参照）、しかし、生徒が学ぶ場合には、知らなかった事柄を学ぶのであり、したがって学ぶ人とは無知な者であると結論される。ところが今度はディオニュソドロスが、読み書きの教師が口述するとき、口述されるものを学んだのはだれかとたずねると、クレイニアスは知恵のある者と答えて、先の無知な者という結論がひっくり返される。エウテュデモスとディオニュソドロスの信奉者たちは、喝采し、笑い立てる。

次に、エウテュデモスは、学ぶ人が学ぶのは、知っている事柄なのか、知らない事柄なのか、とたずねる。クレイニアスは、当然、知らない事柄だと答える。ところが、口述されるものを学ぶのは、文字を知らない人ではなくて、それを知っている人であり、彼の答えは正しくなかったと反論され、さらに、すかさずまたディオニュソドロスが、ボールのように議論を受け取ってその結論をひっくり返す。すなわち、学ぶことは知識を手に入れることであり、学ぶ人とは知識を手に入れる者、つまり知らない人である、と。彼らはあちらこちらから間髪を入れずに言葉をくり出し、相手に考える余裕を与えない。

続いてエウテュデモスは決定的な三度目の勝負を仕掛け、クレイニアスを投げ倒そうとするが、ここでソクラテスが介入して助言を与える。ご両人はちょうど秘儀を受ける前の歌舞のように、君のまわりで歌い舞って戯れているだけであり、君は「ソフィストの聖なる儀式」の最初のところを聞いているのであって、この後に真剣な秘儀が執り行なわれるにちがいない。君はまず何より、用語法について学ぶ必要がある。「学ぶ（マンタネイン）」という言葉は、何かの知識を手に入れる場合にも、また、もっている知識によって何かをさらに考察する——通常これは「理解する（シュニエナイ）」と呼ばれる——場合にも用いられる。つまり君は、同じ言葉が「知らない人」にも、その反対の「知っている人」にも適用されることに気づかなかったのだ。ソクラテスの説明は適切であり、クレイニアスはここでは言葉の意味のすり替えによって論駁されたにすぎない。

ぼくがこれを戯れと言っているその理由は、たとえ人がこのようなことをいくら学んだとしても、あるいはすべて学んだとしても、当の事柄がどうなっているかをそれだけよりよく知るようにはならないのであって、さまざまな語の意味の差異によって人々の足もとをすくって転倒させながら、人々に対してただ戯れかけることができるようになるだけで、それはちょうどまさに座ろうとする人たちの腰掛けを下から引っぱって、人が仰向けになってひっくり返るのを見てはよろこんで笑うようなものなのだ。だからこれまでのことは、君にとってはこの人たちからの戯れであったと見なしたまえ。

（二七八B—C）

ソフィストたちの論駁は言葉の多義性を利用するものであり、この点において、対話者の心の内部にひそんでいる信念の矛盾をあらわにするソクラテスの論駁法（エレンコス）とは異なるであろう。彼らは人の魂の成長には、言いかえれば、徳のすすめには、関心がないように見える。だが、彼らにとって徳の実践とは論駁にほかならない。論駁を成功させること、相手を打ち負かすことこそ徳の証しなのである。問題は、彼らの論駁が言葉の次元だけにとどまっていて、実質的な成果を何ももたらさないことである。要するに、言葉遊びであり、「戯れ」であって、彼らが手に入れるのは見かけの勝利にすぎない。

しかし、いっそう注意すべきは、若いクレイニアスがこれに気づかなかったことである。そのまま放置されるなら、彼はやがて言葉の「戯れ」を讃嘆し、それを「哲学」と取り違え、それを「学ぶ」ようになるかもしれない。求められているのは「戯れ」以上の、本物の言葉なのである。

かくして、少年に知恵と徳に配慮すべきことを説きすすめるところを披露してほしい、とソクラテスはソフィストたちに要望したうえで、先に自分がその見本を示そうとする。いわば露払いを務めるのである。そして次のように言う。

その場合もし私がそれを素人っぽく滑稽な仕方でしているようにあなたがたに思われたとしても、どうか私のことを笑わないでください。というのは、あなたがたの知恵を聞きたい一心で、あえて私はあなたがたの前で即興を試みようとしているわけですから。（二七八D）

ここには権威的な哲学者の姿はない。「素人っぽく滑稽な仕方」で「即興」を試みるというのは、ソクラテスが技術や知識を有する専門家でないことを示しているであろう。[1] 彼は素朴に、ごまかしのない、いわば裸の言葉で語ろうとするのである（素人っぽさは二八二Dでも強調される）。ここから彼の「哲学のすすめ（プロトレプティコス・ロゴス）」が始まるが、その平明さと簡潔さは驚くべきものである。[2]

第二場（二七八E―二八二E：第八―十章）――哲学のすすめ(1)：幸福と知恵

われわれがここに見るのは論争的なソクラテスではなく、おだやかに人を励ますソクラテスである。彼は次のような議論を展開する。その内容は、クレイニアスの若い心に哲学への情熱をかき立てるものである。

まず、人はみな幸せであることを望む。幸せになるためには、多くの善きものが必要である。善きものとは何であるか。富、健康、美貌、生まれの善さ、権力、名誉など。これらがあれば十分であるように見える。健康であり、美しく、生まれもよく、金銭もあり、おまけに権力や名誉もあれば、幸福の条件はそろっているように見える。

（1）Rider, B. A., "Socrates' Philosophical Protreptic in *Euthydemus* 278c-282d," *Archiv für Geschichte der Philosophie* 94, 2012, pp. 220, 224.　（2）Grote, I, p. 537.

ほかに何が必要だろうか、とソクラテスは問う。節制や正義、勇気。しかしこれらには異議を唱える人がいるかもしれない。節制も正義も勇気も、われわれの人生にそれほど必要ではないかもしれない。実生活において、ものを言うのは手でつかめる金銭、目に見える美貌である。むしろ節制や正義によって損をするかもしれない、勇気によって命を落とすかもしれない。だが、クレイニアスはこれらの徳目を善きものに含めるのである。その理由は述べられない。それらが一般に善いものと見なされているからなのか、それともそれらがなければまともな生き方ができないと考えるからなのか、ともかく彼はただ肯定するだけなのである。従順さが彼の特徴である。ここからは哲学は生まれない。

そして知恵があげられる。これも善きものに含められる。ところが奇妙なことに、ソクラテスは突然、最大の善きものとして「幸運（エウテュキアー）」に言及する。「エウテュキアー」はまた「成功」をも意味するギリシア語である。非常に低劣な者でさえこれを最大の善きものと言っていると指摘されると、クレイニアスは即座に同意するが、おそらく人生において、幸運にめぐまれることほど善いことはないと思っているからであろう。富も健康も美貌も、生まれの善さも、結局は幸運の賜物ではないか。だがここで、ソクラテスは意外な注意を与えるのである、善きものとしての幸運はすでにあげられていたのだと。なぜなら、知恵は幸運だからであって、こんなことは子どもでさえ知っていると彼は言う。クレイニアスは驚くが、それは知恵が幸運とは明らかに別物であり、ソクラテスの主張があまりにも逆説的だからである。

そこでソクラテスは証拠を示してクレイニアスの同意を取りつけようとするが、ここには言葉のトリックのようなものはなく、ソクラテスの議論は、言葉の意味内容を現実の事象とのつき合わせによって明確にしてゆくものである。笛の演奏、文字の読み書き、航海、従軍、医療において、幸運にめぐまれるのは知恵（知識）のある専門家にほかならない。笛の専門家は上手に演奏し、経験を積んだ知識のある舵取りは巧みに航海し、医術の訓練を受けた医者は見事に治療する。

とはいえ、なおも失敗の可能性は残るであろう。それを消し去り、最後に成功を保証するものは、やはり幸運ではないか。ソクラテスはしかし、これをきっぱりと否定するのである。知恵はいわば万能なのであり、必ず成功に至るものであって、さもなければ、それはもはや知恵とは言われないであろう。これは言葉遊びであろうか。

この議論は『国家』篇の読者には、トラシュマコスの主張を思い起こさせるであろう。彼によれば、「誤りをおかす人は知識に見放されているときにこそ誤りをおかすのであって、その瞬間にその人は専門家であるとは言えない」（『国家』第一巻三四〇E）。すなわち、知識のある人はけっして誤りをおかさないのである。知識は無謬であって、人が誤りをおかすのは知識に見放されているときなのである。知識に関するこのような強い含意をここでのソクラテスも想定しているように見える。これは「知識」という言葉の定義上の、あるいは論理上の事柄と思われるかもしれない。だが、必ずしもそうではない。

すぐれた演奏家がミスをする、すぐれた船乗りが判断を誤る、すぐれた医者が手術に失敗する、こうした事態は起こりうるが、その原因は何であろうか。何らかの偶然や不運であろうか。人はそのように考えがちである。しかしソクラテスの見方は異なる。彼によれば、そうではなくて、むしろみずからの知恵が及ばなかったということなのである。失敗の原因は不運ではなくて、ほかならぬ知恵の不足なのである。これがここでのソクラテスの立場であるように思われる。幸運は知恵と等しく、知恵がそなわっていればどんな幸運をも必要とせず、知恵のある人とは、まさに幸運な人にほかならない。

しかし、次のようなことも考えられる。たとえば、すぐれた心臓外科医が荒野で心臓発作の患者に出会ったとする。その外科医は、道具もなく、無菌の環境もなく、スタッフもいない状況では、たとえ技術があり、努力を尽くしても、その患者を助けることはできないであろう。その状況では自分の技術を十分に活かすことができないからである。たとえミスをしなくても、必要な手だてがないために、成功にはいたらないのである。成功にいたるためには、技術（知恵）に加えてさらにそれなりの幸運、すなわち技術を十分に活用できる環境が必要ではないか[1]。

たしかに、このような事態はありうる。しかしこれは、外科医としての失敗ではないであろう。本来、心臓外科医は整った環境のなかでその技術によって仕事をし、目的を達成するのである。身につけている技術（知恵）を十分に発揮できない不運な状況というのは、単に外科医にとどまらず、あらゆる技術者に想定できることであろう。のみならず、人間のあらゆる行為についてそのような状況は考えられる。その場合に必要なのは、与えられた状況のなかで、実現可能な目標を立て、実行可能な方法を選択することによって、適切な行為をすることである。これを可能にし、成功に導くのはやはり知恵であって、この点において、知恵はなおも幸運と同じ結果をもたらすであろう。

しかしながら、これは問題の半分にすぎないとも見られる。なぜなら、運不運は人間の行為だけに関連するものではないからである。さまざまな環境のみならず、富や健康、美貌、あるいは素質といったものも、実際にはむしろ、幸運によるものではないか。貧困で劣悪な環境に生まれたり、健康や美しさ、あるいは才能にめぐまれなかったりするのは、人のあずかり知らない運命（すなわち、重大な偶然）によるのではないか。行為者の外的内的環境のほとんどが偶然の運に依存しており、これが行為の成功不成功、あるいは人の幸不幸に大きく影響しているように見える。知恵の及ぶ範囲は幸運の領域と重なるわけではなく、幸福のためには知恵に加えてやはり幸運も必要ではないか。この問題こそ、後のギリシアの哲学者たちが真剣に受け止め、彼らの議論の的となったものである[2]。たとえば、アリストテレスは次のように述べている。

> にもかかわらず、われわれが述べたように、明らかに幸福は、外的な善をも合わせ必要とする。それというのも、必要な手だてがなければ、美しいことを行なうのは不可能であるか、あるいは容易ではないからである。すなわち、多くのことが、友人や富や政治権力を道具のようにして用いることによって行なわれるのである。また、欠けていると幸いを曇らせるようなものもいくつかある、たとえば、生まれの善さや子宝に恵まれるこ

（1）この心臓外科医の例は、ライダーから借りられた（Rider, p. 211）。

（2）アリストテレスは、『ニコマコス倫理学』第一巻第八―十章において、幸福と外的な善（富や生まれの善さや、美しさなど）との関係、あるいは運命との関係について繊細な議論を展開している。またストア派については、ディオゲネス・ラエルティオス『ギリシア哲学者列伝』第七巻一〇二―一〇六参照。そこでは、人間の幸不幸との関係において、善いもの（思慮や正義など）と悪いもの（無思慮や不正など）、および善悪に無関係なもの（健康、富、病気、貧困など）の三種類が区別され、「善悪に無関係なもの」はさらに「望ましいもの」（健康や富など）と「望ましくないもの」（病気や貧困など）とに分けられ、さまざまな具体例とともにストア派の哲学者たちの見解が紹介されている。

と、美しさなどがそうである。容姿があまりにも醜かったり、生まれが悪かったり、また孤独であったり、子どもがいなかったりすれば、人はなかなか幸福にはなれないのであって、また子どもや友人がいてもその者たちがあまりにも悪ければ、あるいはたとえ善い子どもや友人たちがいたとしても死んでしまうとしたなら、おそらく人は、なおさら幸福にはなりにくいであろう。

したがって、われわれが言っていたように、幸福とはこうした順境をも合わせ必要とするように思われる。このことからある人々は、他の人たちがなおも徳を幸福と同じものと見なしていても、幸運こそ幸福と同じものと位置づけるのである。

（『ニコマコス倫理学』第一巻第八章一〇九九a三一―b八）

立派な行為の達成には、そのための必要な条件が整っていなければならない。そのような条件は多かれ少なかれ、人の力の及ばない幸運に依存するように見える。とすれば、どんなに知恵があろうと、それだけではやはり幸福には不十分ではないか。ところが、ソクラテスは直接こうした問題を取り上げずに、次のような議論を展開するのである。

すなわち、幸福になろうとする者は、さまざまな善きものを所有するだけでなく、それらを用いなければならない。単にもっているだけでは益は生じないからである。しかも正しく用いなければならない。使い方が正しくなければ、害になるからである。しかるに、正しい使用をなし遂げるのは、知恵である。けれどもその知恵がないとき、その場合には、なすことが少なければ害もそれだけ少なくなる。つまり、知恵がない場合、貧乏であったり、弱かったり、名声がなかったり、臆病であったりするほど、害が少なくなるのである。逆に、富や健康や美しさ、権力などは、かえって大きな害をもたらすであろう。それゆえ、善きものと言われるものもそうでないものも（したがって、いわゆる幸運によるものも不運によるものも）、実はそれら自体では善くも悪くもなく、それらを無知が導くならば悪（害）になり、知恵が導くならば善（益）になる。そしてこう言われる。

それでは、これまでに述べられたことから、われわれに何が帰結するだろうか。ほかでもない、他のさまざまなものはどれも善いものでも悪いものでもなくて、二つあるこれらのうち、一方の知恵は善いものであり、他方の無知は悪いものである、ということになるのではないか。（二八一E）

それゆえ、本来、善きものと言えるのは知恵だけであって、悪いものとは無知にほかならない。知恵こそ唯一の善きものであり、無知こそ唯一の悪いものなのである。知恵があるなら幸福であり、無知であるなら不幸なのである。したがって、幸福になろうとするなら、できるかぎり知恵のある者になるよう心がけねばならない。

このようにソクラテスは論じるが、この議論は妥当であろうか。素朴な疑問が浮かぶ。富や美しさや健康は多くの場合、というより、どのような場合にも、やはり善いものではないだろうか。逆に、貧しさや醜さや病気は、やはり悪いものではないだろうか。これが普通の考え方であろう。だとすれば、それらが善いものでも悪いものでもないとするソクラテスの議論は、やや性急であるように見える。それらは用い方によって善にも悪にもなりうるということから、それら自体は善でも悪でもないと直ちに結論することはできないように思われる。むしろ、それ自体善いものも用い方を誤れば悪いものになる、あるいはそれ自体悪いものも用い方が正しければ善いものになる、と解することもできるからである。つまり、富や健康、あるいは貧しさや病気は、無差別にどれも善でも悪でもない中立的なものと見ることはできないのではないか。のちのストア派の議論はこの点をめぐるものであったが、(1) ソクラテスの立場は、裁判での彼の次のような発言に鮮明に現われている。

魂ができるだけすぐれたものになるよう、気づかわなければならない……金銭から徳が生じるのではなく、金銭その他のものが人間にとってすべて善きものとなるのは徳によるのだから。(『ソクラテスの弁明』三〇B)

ここでの「徳」を「知恵」に置き換えれば(ソクラテスはそう考えている)、この発言は『エウテュデモス』の議論と結びつくだろう。金銭は善きものになりうる、しかしそれ自体はいまだ「善いもの」ではない、これがソクラテスの見方であるように思われる。したがって、金銭はそれ自体でわれわれの幸福を構成するようなものではない、ということになる。要するに、富や美しさ、健康などは幸福に直結するものではなく、貧しさや醜さ、病気なども不幸に直結するものではない、ということである。逆に、富や美しさが悲惨をもたらし、貧しさや醜さが幸いを呼び寄せることもありうる。これが『エウテュデモス』のソクラテスの視点であって、幸福の内実は偶然の運不運によって人にもたらされる諸条件に依存するものではないであろう。問題はむしろ、われわれの幸福概念の方かもしれない。

以上のようにして、徳への、あるいは哲学への「説きすすめの議論」は一段落するが、この結論にソクラテスは、知恵が教えられるとすれば、という保留条件をつけている(二八二C)。なぜこのような保留条件をつけるのであろうか。(2) これは議論を逆戻りさせているように見えるが、「哲学のすすめ」にかかわる根本的な問題を含んでいる。つまり、もしその知恵が教えられないとすれば、あるいは学ぶことのできないものだとすれば、あるいは「ひとりでにそなわるもの」だとすれば、「哲学のすすめ」自体が成り立たないと考えられるからである。

知恵は最も大切なもの、あるいは唯一の善きものとソクラテスは考えているが、「哲学のすすめ」が成り立つためには、その知恵はだれにでも得られる可能性があり、またその方法がなくてはならない。『エウテュデモス』と同じ時期に書かれたと見られる『メノン』では、ソクラテスは次のような議論を展開している（八九D以下）。まず、徳が知識であるなら、それは教えられるものである。しかるに徳が教えられるものであるなら、それを教える者と学ぶ者がいるはずである。ところが、実際には徳の教師は見あたらない。そして、学ぶ者もいない。だとすれば、徳は教えられるものではないことになろう（九六C）。

このようにソクラテスは論じているが、徳が教えられるものではないというこの論定が正しければ、この時、二つの可能性が考えられるであろう。一つは、徳は知識ではないという可能性、もう一つは、徳と同定される知識は教えられるものではないという可能性である。後者の可能性こそ、ここでのソクラテスの保留条件に含意されているように思われる（徳は知識ではないかもしれないという前者の可能性は、『メノン』九八E—九九Aで想定され、知識に匹敵するものとして「正しい思いなし」が取り上げられている）。

（1）一五九頁註（2）参照。
（2）知恵を身につけるには素質（生まれの善さ）にめぐまれる必要がある、とシュトラウスは示唆しているが（Strauss, p. 77）、これはソクラテスの見方ではないであろう。

ところが即座に、クレイニアスは知恵は教えられるものと主張し、彼にとってはそのことがまるで自明であるかのようである(『メノン』八七C五参照)。おそらく、通常の知恵、あるいは一般的な知識のことを彼は念頭に置いているのであろう。ソクラテスはクレイニアスの主張を否定せず(「哲学のすすめ」が目的だからである)、次のように言う。

今や、君には知恵が教えられるものであり、また存在するもののなかで知恵だけが人間を幸福にし、幸運な者にすると思われる以上、君は、知恵を愛し求め、哲学することが必要であると主張するのではないだろうか、そして君自身がそれをするつもりだね。(二八二C—D)

力のかぎりそういたします、とクレイニアスは応じ、こうして彼の心に哲学の火が灯る。以上のようにして「哲学のすすめ」の見本が完了するが、ソクラテスはエウテュデモスとディオニュソドロスに、このあとを続けてほしいと求め、手に入れるべき知識とは何であるかを示すように要請する。知恵が本当に教えられるものかどうかの判定は、最終的にはこの問題の解決にかかっているであろう。善き人生を保証する知識とは何であるのか、それは教えられるものであろうか、あるいは自分で見出すべきものであろうか。「君自身がそれをするつもりだね」というソクラテスの問いかけは、後者の方向性を暗示しているように見える。いわば内的なものが要求されるのである。

第三場(二八三A—二八八D:第十一—十六章)——論争(2):虚偽不可能論

求められる知識とはどのようなものであろうか。ソフィストたちは驚くべき議論を展開する。いったい、クレイニアスに知恵のある人になってもらいたいと願っている者たちは何を願っているのか、この点についてディオニュソドロスは次のように言う。

彼が今そうである者ではもはやなくなることを願っているのだから、君たちはどうやら、彼が滅んでしまうことを願っているのではないかね。（二八三D）

これを聞いてクテシッポスは、偽って語っていると非難するが、すぐさまエウテュデモスが口をはさみ、そもそも偽るということはありえないと反論する。なぜなら、人が言明のかかわる対象を語っているなら、それはあるもの、存在するものを語っており、存在するものを語っているなら、真実を語っているはずだから。これに対し、当然のことながらクテシッポスは、その人は存在するものを実際にある通りに語ってはいないと主張する。存在するものを存在する通りに、あるものをある通りに語るか否かが、言明の真偽の分かれ目だからである。

ところがディオニュソドロスは「ある通りに」の意味を問い、クテシッポスがそれは悪い連中のことを悪く語ることだなどと説明して、やりとりが次第に険悪になってゆく。売り言葉に買い言葉、この時、クテシッポスの態度はソフィストたちと同じ水準になりさがりつつある。なぜ、こんなふうにけんか腰になるのであろうか。

問題は、ソフィストたちよりもむしろ、クテシッポスの心にあるように思われる。彼はクレイニアスへの思いが強いのである。そのため、クレイニアスに対するディオニュソドロスの、「滅んでしまう」という否定的な発言が、彼の心にさわるのである。かくして、過敏に反応せざるをえない。その反応は彼の論理を麻痺させるものであり、論理の不全はその源を辿れば、愛する者への愛情の不全に行き着くであろう(1)。愛情の不全が、言いかえれば、衝動的な情念が、論理を破綻させるのである。

ここでソクラテスが介入し、クテシッポスに用語のことでとやかく争ってはならないと注意する。議論が逸れてしまうばかりか、クテシッポスに堕落のきざしが見え始めているからである(2)。この場面においてこそ、「論争家」ではない「哲学者」としてのソクラテスの姿が浮かび上がる。ソクラテスはディオニュソドロスの同じ発言を落ち着いて分析し、哲学的に有意味なものへと変換するだけでなく、その言葉をみずから生きようとするからである。すなわち、劣悪な者を滅ぼして、すぐれた者として現われさせるという、その種の消滅や滅亡のことを彼らが語っていて、そのやり方を心得ているなら、彼らの主張を受け入れ、その実験台に自分がなろうと申し出るのである。消滅は存在にかかわるのではなく、劣悪さにかかわっており、劣悪さの死滅は願うべきことであって、哲学は本来それを目指すものではなかったか（哲学とは死の練習である(3)）。

ようやくクテシッポスはおさまる。そこでディオニュソドロスは議論が逸れたところに引き返し、反論というものはありえないと論じる。すなわち、存在するもののそれぞれには、それを語る言明がある。そして、その言明はそれぞれのものがある通りに語る(4)。なぜなら、あらぬ通りに語る者などだれもいないからである。それゆえ、同じ事物の言明を語る場合、われわれは同じことを語っているが、他方、われわれがその事物の言明を語らないとき、われわれはその事物に言及すらしていない。したがって、私がある事物の言明を語り、君が他のものについて他の言明を語るとき、その場合、われわれは反論し合っているのではなく、私はその事物を語っているが、君の方はまったく語ってさえいないのだ。このようにディオニュソドロスは主張する。

これを聞いてクテシッポスは黙り込んでしまうが、ソクラテスはこの議論に驚き、これまでもこの種の議論を聞くたびに驚いていたことを告げ、それがプロタゴラス派の議論（おそらく、人間尺度説による議論。『テアイテトス』一七六D参照）であることも指摘する。その核心は、虚偽を語ることはできない、という点にある（虚偽不可能論）。言いかえれば、あらゆる言明は真である。何を語ろうと、その言明は真なのである。つまり、語っているなら、何かを語っており、何かを語っているなら、あるもの、存在するものを語っており、その場合、その言明は真であって、そうでなければあらぬものを、あるいは偽りを語っているのではなく、

（1）この解釈はバーニエットに負っている（Burnyeat, p. 63）。

（2）Cf. Burnyeat, p. 59.

（3）『パイドン』八一A。これはシュトラウスの示唆（Strauss, p. 78）であり、バーニエットの解釈でもある（Burnyeat, p. 63）。

（4）バーニエットは、こうした前提（二八五E—二八六A）は、「それぞれのものはそれ自身の固有の言明をもっている」というアンティステネスのスローガン（アリストテレス『形而上学』Δ巻第二十九章一〇二四b三二—三三）のやや変装されたヴァージョンである、と指摘して、この箇所では、アンティステネスへの間接的な言及が認められると解している（Burnyeat, p. 52）。他方、コイレンは、ここではアンティステネスの名前が挙げられておらず、また二八六Cではプロタゴラス派やそれ以前の人たちへの言及が見られることから、反論不可能説や虚偽不可能論は、アンティステネスよりもかなり以前の哲学者ないしソフィストたちのサークルに属するものと推定している（Keulen, H., *Untersuchungen zu Platons „Euthydem“*, Wiesbaden, 1971, pp. 83-84）。おそらくプラトンは、アンティステネスのスローガンを念頭に置き、それを反論不可能説を擁護するより一般的なかたちの前提（これの支持者たちはより大きなソフィストの伝統に属しているだろう）へと移行していると見られる（Canto, M., *Platon: Euthydème*, Paris, 1989, p. 204, n. 129）。

そもそも何も語っていないのである。
ところがディオニュソドロスは、虚偽の言明だけでなく虚偽の思いなしもありえないと主張する。とすれば、無知や無知な人もありえないことになる、とソクラテスは反論して、こう問いかける。

もし虚偽を言うことも、虚偽を思いなすこともできず、無知もありえないとすれば、人が何かを行なうとき、誤りをおかすこともありえないのではないでしょうか。……行なう場合であれ、語る場合であれ、考える場合であれ、もしわれわれが誤らないとすれば、もしこれがその通りだとすれば、あなたがたはいったい、おお、ゼウスに誓って、何の教師としてお見えになったのですか。（二八七A）

決定的な反論のように見える。しかしこれは彼らの主張と仕事との矛盾を突いているだけで、その主張自体を論駁するものではない。ディオニュソドロスはソクラテスが以前のことを取り上げ、現在語られていることは「どう扱えばよいかわからない」ほどクロノスだ（頭が遅れている）と非難するが、ソクラテスは直ちにその非難の言葉を捉えて、「どう扱えばよいかわからない」というのは、「論駁することはできない」ということを意図する表現なのかと問いただす。するとディオニュソドロスは、今度はソクラテスの「意図する」という言葉を捉え、意図することは魂をもつもののはたらきであるが、言葉や表現は魂をもっていないと反論するのである。ところが、この反論は自滅的である。なぜなら、「意図する」という言葉の使用が誤っているなら、虚偽不可能論自体が成立せず、その論を主張する者は相手をそもそも論駁できないからである。かくして、ソクラテスは言う。

ディオニュソドロスにエウテュデモス、この議論は同じところに留まっていて、なおも昔のものと同様、投げ倒しながらころんでいるようですね。ですからまた、そんな目に遭わないようにすることは、あなたがたの技術によっても、まだ発見されていないようですね。言葉の厳密さにかけて、何とこれほどまでに驚嘆すべき技術なのに。（二八八A―B）

クテシッポスが口をはさみ、ソフィスト兄弟を罵倒しようとするが、彼らはプロテウスのように姿を変えてたぶらかしているだけだと、ソクラテスに諭される。論争術の第一の秘訣は、手を替え品を替え議論をあちこちに逸らし続けることである。ここで兄弟たちに本当の姿を現わしてもらうために、そして両人から何かまったく「美しいもの」が現われ出てくることを願って、ソクラテスはふたたび見本を示すことにとりかかる。こうして「哲学のすすめ」が再開されることになる。

第四場（二八八D―二九三A：第十七―十九章）――哲学のすすめ(2)：求められる知恵

知恵を愛し、哲学すべきである、これが先の対話の結論であった。この続きをソクラテスは次のように論じる。哲学とは知識の獲得である。しかしどのような知識を獲得すべきか。もちろん、われわれを益するような知識である。それはどのようなものか。たとえば、黄金を手に入れるような知識、あるいは人を不死にするほどの知識があったとしても、われわれを益することにはならない。なぜなら、そうした知識は、黄金や不死を作り出しても、それらを用いるすべを知らなければ、何の値打ちもないからである。要するに、宝の持ち腐れなのである。

われわれが必要とするのは、作ることと同時に、用いるすべを知っていることが「内部で落ち合って一緒になっている」ような知識である。これは単に用いるすべを知っているだけの知識ではない。作ることと用いること、この両方を知っていなければならないのである。それはどのようなものであろうか。はたして、そのような知識があるのだろうか。

ソクラテスは発見したという、将軍術ではないかと。ところが、クレイニアスはこれを否定し、将軍術はいわば人間狩猟の術であると言い出す。狩猟術は単に獲物を手に入れるだけであって、用いるすべを知らず、猟師や漁夫はそれを料理人に手渡す。同様に、幾何学者や天文学者や算術家にしても、さまざまなことを発見するだけの狩猟家であって、発見の成果を用いるすべを知らず、それを「問答家（ディアレクティコス）」に手渡す。将軍たちも国や軍隊を狩ると、それらを用いるすべを知らないので、政治家に手渡す。したがって、われわれを幸せにしてくれるような知識とは将軍術ではなく、何か別のものを探さなくてはならない。このようにクレイニアスは論じる。

この議論は、『国家』第六巻における数学的学術と「哲学的問答法（ディアレクティケー）」との関係、あるいは軍人と政治家との関係に関するプラトンの見解を思い起こさせるものであり、その見解を知っている読者を前提しているかのように見える。(1) プラトン的な思想を語るクレイニアスは知らぬ間に進歩し、哲学へと踏み出して、まるで別人になったかのようである。

この報告を聞いてクリトンは、あの子がそんなことを口にしたのかと驚くが、ソクラテスはエウテュデモスでもディオニュソドロスでもなく、「もっとすぐれた方々のだれか」だったかもしれないと、意味ありげな発言をする。これは暗にソクラテス自身を指して言われたものではないかとクリトンは受け取っているが、むしろその含意は洞察的な議論の神秘的な由来であろう。言いかえれば、対話を通じて（エウテュデモスとディオニュソドロスはまともに対話をしていないから、除外される）見出されたものは、ある特定の個人が独自に気づいたものではないということである。また、対話は共同探求であって、その成果をだれが見出し、だれが述べたかは重要ではないであろう。[2] 続いてクリトンは、探し求めていた技術を発見したかどうかをあらためてたずねるが、ソクラテスは、発見どころではなく、「まるで迷宮に陥ったかのようになって、すでに終わりにいるかと思えば、ふたたびぐるりと回ってまるで探求の始めにいるかのよう」だと言う（二九一B—C）。どうしてそうなってしまったのか。

議論の筋はこうである。将軍術やさまざまな技術がその成果を手渡すのは、政治家の技術に対してであり、政治術とは王の技術である。その技術は、「国家の艫《とも》に座して、すべてを舵取り、すべてを支配し、すべてを有益なものにする」（二九一D）ように思われる。しかるに、王の技術は何を作るのか。医術は健康を提供し、農業は食糧を提供する。それなら、すべてを支配する王の技術は何を提供するのか？

その技術がわれわれの探し求めているものだとすれば、それは有益なものであり、また有益なものをもた

(1) この点が、『エウテュデモス』の著作年代を考える一つの手がかりと見なされてきた (Cf. Burnyeat, p. 63, n. 46)。しかし、『エウテュデモス』が『国家』の議論を回顧するものであるか、予期するものであるかについては、関連箇所の相互参照だけでは決めがたいであろう。

(2) Gill, Chr., "Protreptic and dialectic in Plato's *Euthydemus*" in *Plato: Euthydemus, Lysis, Charmides, Proceedings of the V Symposium Platonicum*, ed. Robinson, T. M. and Brisson, L., Sankt Augustin, 2000, p. 140.

らさなければならない。ところが、政治術が国民にもたらすもの、たとえば富や自由や争わないことは、それだけでは善くも悪くもなかったものであり、もしこの技術が利益をもたらし、幸福を作り出そうとするなら、それは国民を知恵のある者にしなくてはならない。したがって、王の技術とは人々を知恵のある者にし、すぐれた善き人にするものであると考えられる。

だがそれは、いかなる知識を人々に手渡すのか。靴作りの知識や大工の知識ではない。それらの成果は、善くも悪くもないものと見られたからである。王の技術の成果はそれ自体が善きものでなければならない。それゆえ提供される知識とは、結局、他のいかなる知識でもなく、王の技術そのもの、すなわちみずからの知識にほかならない。

しかし、なおも問われるだろう。その知識とは何であり、何に用いるのか、と（二九二D）。この局面で作る知と作られたものを用いる知が合流する。真に善きものを作る技術（知識）であるならば、その善きものはそれ自体で有益であって、それをさらに用いる必要はないからである。その知識を「何に用いるのか」とは、それによって「何を作るのか」ということにほかならない。他の技術の場合、たとえば、大工の技術は家を作ることに用いられるが、笛の制作と笛の演奏とが同じでないように、家の制作と家の使用とは異なるであろう。家は人間の求める究極的な成果ではなく、その意味でそれ自体は善くも悪くもないものと見られるのであり、それを善き家として有益な仕方で用いるには別の知識が必要である。そうした別の知識の頂点に位置するものが、すべてを統轄する王の技術である。王の技術は最上位の知識であって、その成果は究極的であり、それをさらに用いる知を要請しない。王の技術においてこそ、作る知と用いる知が内部で落ち合っているのであり、これこそ求められていた知識にほかならない。とはいえ、これはみずからの知識を再生産するだけのものではないか。

たとえば、医術は医者（医術の持ち主）を作るだけでなく、健康をも作るのである（『クレイトポン』四〇九B参照）。とすれば同様に、王の技術もみずからの知識以外に何かを作るはずである。すなわち、その知識は、他の人をすぐれた善き人にするものではないか。ところが、その善き人とはいかなる点で善き人なのか。その善き人は他の人を善き人にし、その他の人はさらに他の人を善き人にしてゆく、とこのようにわれわれは言うべきであろうか。けれども、これは問題の先送りにすぎないであろう。それ以前に、そもそも善き人とはどのような点で善き人なのか、この肝心の点が明らかでない。知識のある人、という答えは不可である。どのような知識なのかが再度問われるだろうから。めぐりめぐって、議論は頓挫し、ソクラテスの哲学的対話は行きづまる。八方ふさがりの、この行きづまり状態が「哲学のすすめ」の帰結であり、哲学的探求は、こうして徒労に終わる作業のように見える。

「まだ説きすすめられたことのない人間にとっては、ソクラテスよ、あなたは絶大な価値のある人だと私は主張するでしょうが、すでに説きすすめられた者にとっては、徳の完成に到って幸福になるには、あなたはほとんど妨げでさえあるのです」とクレイトポンは不満を漏らしている（『クレイトポン』四一〇E）。他方クセノポンは、ソクラテスのことを、「人々に徳を説きすすめることには長けていたが、それへと導いていくのには力不足であった」と批判する人たち（クレイトポンのことか？）がいたことを伝えているが、彼自身はソクラテスが一緒に時を過ごす者たちに日々何を語っているかを観察したうえで、その力量を判断すべき

ことを提案している。(1)

しかしながら、こうした提案はプラトンの描くソクラテスの、つねに孕んでいる本質的な困惑を除去するものであるようには見えないであろう。プラトンは『国家』篇で、善とは知恵であると考える人々は、「その知恵とはいかなる知恵のことなのかを示すことができず、しまいには、善についての知恵がそうなのだ、などと言わざるをえなくなる」と述べて、議論の堂々めぐりを指摘している（第六巻五〇五B）。善の内容も、知恵の内容も特定できないからである。このような事態をわれわれはどのように受けとめるべきであろうか。あるいは、ソクラテス自身はどのように考えていたのであろうか。

手がかりは、ソクラテス裁判での発言にあるように思われる。そこで彼はこう言っていたからである。すなわち、善美の事柄については「知らないから、その通りにまた、知らないと思っている」のだと（『ソクラテスの弁明』二一D）。また彼は、「神こそ本当の知者であるかもしれない」とも語っていた（同二三A）。彼は善や美が何であるかを知らないのである。そして、最後まで知りえないかもしれない。にもかかわらず彼は、息の続くかぎり、知恵を愛し求める（哲学する）ことを明言している（同二九D）。これは彼が、哲学によって何ごとかが次第に明らかになっていく可能性があると考えていたからであろう。つまり、彼によれば、「知らない」という事態はけっして全面的なものではなく、行きづまりは必ずしも絶対的なものではない、ということである。

かくして、ソクラテスは声をあげ、双子神ディオスクロイに助けを求めるかのように、二人の客人に対して、「それを手に入れたならわれわれが残りの人生を美しく立派に過ごすことのできるような、その肝心の知識とはいったい何であるのかを示してください」と要望する。するとエウテュデモスは、誇らしげに議論を始めたという（二九三A）。

第五場（二九三B―三〇四B：第二十―二十九章）――論争（3）：詭弁に対する詭弁

ところが、エウテュデモスはここでも意外な議論をする。その知識が何であるかを教えるのではなく、それをソクラテスがすでにもっていることを示そうとするのである。これは論点のはぐらかしのように見えるが、人の魂はあらゆることをすでに学んでしまっているという、プラトンの想起説の前提のようにも映る。[2]とはいえ、あいにくエウテュデモスの議論は言葉の次元だけで進んでゆく。

まず、ソクラテスは自分が何ごとかを知っていることに同意する。この点で彼は知っている者である。ゆえに、ソクラテスはあらゆることを知っているのが必然、とエウテュデモスは断言する。もちろん、ソクラテスは多くの事柄を知らないと言うが、知らないとすれば、ソクラテスは知っている者であると同時に知らない者でもあることになる、と反論される。ディオニュソドロスが加勢し、「すべての人はすべてを知って

（1）クセノポン『ソクラテス言行録』第一巻第四章一。

（2）『メノン』八五D―八六A参照。プラトンは二人の論争家に、彼らの誤謬推論のいたる所で、ほかならぬ彼自身の哲学のさまざまな主題に触れさせており、このような「二通りに解しうるゲーム」の導入によって、彼はソフィスト的な論争術のやり方を単に事細かに容赦なくあばき出すことを対話の唯一の目的にしているのではなく、同時に非常に巧みに包み隠された一連の主題を追求している、とコイレンは主張している（Keulen, p. 59）。必ずしも的はずれな主張ではないであろう。

いるのだ、まさに一つでも知っていれば」と主張する[1]。ソクラテスは驚き、彼に星の数や砂の数も知っているのかとたずねると、知っていると答える[2]。そこでクテシッポスが口をはさみ、エウテュデモスの歯の数をはじめ、非常に恥ずかしいことまで二人にたずねるが、二人は動じることなく知っていると同意する（エウテュデモスの歯は数えるほどしか残っていないのであろう）。

ソクラテスは不信を抱き、ディオニュソドロスに踊ることも知っているのかとたずねると、もちろん知っていると答える。のみならず、兄弟は今だけでなく、幼い子どもの時も、生まれたばかりの時も、「つねに知っている」と主張する。兄弟は神のごとき人たちなのである。こうして奇妙な議論の数々がくりひろげられるが、トリックは、一点である。すなわち、限定をはずすこと（これが論争術の第二の秘訣である[3]）。

かくして、「君は自分の知っていることを知っているのは、何かあるものによってなのか」とエウテュデモスがたずね、ソクラテスは答える、「魂によってです」。「余計だ。何によってではなく、何かあるものによって知っているのかどうか、この点をたずねているのだ」。「お許しください。何かあるものによってです」。「その同じものによってつねに知るのだろうか」。「つねにそれによってです、私が知るときには」。「やめないか、余計なことを口にするのは」。「つねにです。『これこれのときに』という言葉を取り除かなくてはならないのですから」。「つねに知っているとすれば、君はそのものによってあらゆることを知るのだろうか」。「そのものによって、すべてを知るのです、私の知るかぎりのことすべてを」。「また余計な言葉が入ってしまう」。「取り除きましょう、その『私の知るかぎりのこと』という言葉を」。こうして、エウテュデモスは断言する、君は子どもの時にも知っていたし、生まれた時にも、胎内に宿っていた時にも、また君自身が生まれる前にも、さらには天地が生じる前にも、君はすべてを知っていたのだ、まさに君がつねに知っているのだとすればね。そして、ゼウスに誓って、君自身は、つねに、しかもすべてを知ることになるだろう、私が望むならね。

（二九六C―D）

どうか望んでください、とソクラテスは懇願するが、これまでエウテュデモスはソクラテスの限定句をことごとく取り除いて議論を展開してきたのであり、その結論も言葉と言葉の表面的な結びつきによるものに

(1) この主張は奇妙に見えるが、「ある一つのことを想い起こしたこと——このことを人間たちは『学ぶ』と呼んでいるわけだが——その想起がきっかけとなって、おのずから他のすべてのものを発見するということも、充分にありうるのだ」（『メノン』八一D、藤沢令夫訳）というソクラテスの発言と似ている。

(2)「星や砂の数を数え、星の世界をはかり、星辰の軌道を跡づけても、彼らはあなたを見いだすことができないのです」という記述がアウグスティヌスに見える（『告白』第五巻第三章三、山田晶訳）。

(3) アリストテレスの『ソフィスト的論駁について』ではこう言われている、「これが無条件的に語られているか、それとも本来的にではなく限定的に語られているかに基づく誤謬推論は、部分的に語られているものが無条件に語られたものとして受け取られた場合に生じる。たとえば、あらぬものが思わくされるものであるならば、あらぬものはある、というのがそれである。なぜなら、何かであることと無条件にあることとは同じではないからである」（第五章一六六b三七―一六七a二）。この誤謬推論は後に、「限定的に言われたものから、無条件に言われたものへ（a dicto secundum quid, ad dictum simpliciter）」とラテン語で表現され、近代になってしばしば「限定除去の誤謬（fallacy of secundum quid）」と略称されることになったもの。

すぎない。ソクラテスは一転して、言葉と言葉との本質的な関係（すなわち、事象に即した関係）に迫ろうとする。そして鋭い問いを投げかける、「善き人たちは不正であることを、私は知っているのでしょうか」。「もちろん知っている、善き人たちは不正ではないことを」とエウテュデモス。「私がたずねているのは、その点ではありません。善き人たちが不正であることをどこで学んだのかということです」。ディオニュソドロスが口をはさみ、「どこでも学んでない」と言う。「してみれば、そのことを私は知らないのですね」。ここからソクラテスは知らない者となり、ソフィストたちの主張がくつがえされるのである。

これはどういうことであろうか。「善き人は不正である」という命題は成り立たないのであろうか。たとえば、『国家』篇でトラシュマコスは、正義を「世にも気だかい人の好さ」と呼び、不正を「計らいの上手」と呼んでいるが、この発言にソクラテスは驚き、「君は不正を徳と知恵の部類のなかに入れ、正義をその反対の部類に入れている」と言うと、トラシュマコスは大いに同意する（『国家』第一巻三四八D—E）。彼にとっては「善き人は不正である」という、いわば反道徳的な命題は成り立つのである[1]。それどころか、その命題こそ真なのである。

ディオニュソドロスもこのような見解を表明できたかもしれない。しかし、もしそうしようとすれば、彼は正義と不正について、トラシュマコスのように、現実の事象の分析に踏み込まねばならない。つまり、言葉から事象へと議論を移し、言葉と事象との関係を見きわめねばならないのである。これはしかし、彼らの戦術ではないであろう。

「議論をぶちこわしているじゃないか！」とエウテュデモスが兄を叱責すると、ディオニュソドロスは、依然として言葉だけの表面的な議論をソクラテスにふっかける。ここでも限定をはずす。「パトロクレスは君の兄弟かね」。「もちろんです。母親は同じですけれども、父親は同じではありません」。「してみれば、パトロクレスは君にとって兄弟であり、かつ兄弟ではないのだ」。「父親が同じでない、というだけのことです。彼の父はカイレデモスでしたが、私の父はソプロニスコスでしたから」。「すると、カイレデモスは父親とは別の人だったのではないか」。「ともかく私の父親とは別の人でした」。「別の人であるなら、父親ではないということだ」。「父親ではないようです」。これを受けてエウテュデモスが口をはさむ、「なぜなら、もしカイレデモスが父親であるなら、今度はまた、ソプロニスコスは父親とは別の人であって、父親ではないからだ、したがって君は、父なし子になるってわけさ」。ソフィスト兄弟は言葉から言葉へと進み、けっして言葉と事象との関係をかえりみない。論争術は、つまり、言葉だけの哲学は、だれでもたやすく学べるだろう。

クテシッポスも要領をつかむ。めまいを覚えるような華麗な議論も、その実質は単純な言葉遊びにすぎない。事象のあり方とは無関係な議論であり、言葉を逆手に取れば、あるいは事象に踏み込めば、簡単に反論できるのである。たとえば、「沈黙しながら語ることはできるのか」とディオニュソドロスに問いかけられると、「どんなにしてもできません」と彼は答える。「はたして、語りながら沈黙することもできないのだろうか」。「なおさらできません」。「それでは君は、石や木材や鉄器のことを語るとき、それらが沈黙しているのに語っているのではないかね」。「いいえ、もしぼくが」とクテシッポスは言う、「鍛冶屋の店に入ればそ

（1）Cf. Hawtrey, pp. 156-157.

うではなくて、鉄器はだれかがさわれば、最大の音を発したり、叫んだりすると言われています。したがって、この点についてあなたは知恵のおかげで気づかないまま、無意味なことを口にしたのです」（三〇〇B）。言葉の遊戯に専念するディオニュソドロスは、現実を見ない（あるいは、見ようとしない）のである。ここでエウテュデモスが兄に加勢するが、クテシッポスは兄弟を難なく窮地に追い込み、最後に笑い飛ばす。クテシッポスは勝利を収めたのである。そして、クレイニアスもよろこび、笑う。

ところが、ソクラテスは彼に注意する、「なぜ笑っているのかね、クレイニアス、これほど真剣で美しい事柄なのに」。ソクラテスの意外な発言である。彼のアイロニーとも考えられるが、それだけではないであろう。言葉だけの奇妙な議論であっても、何か重要な事柄に触れている可能性があるかもしれないからである。クテシッポスはソフィストたちといわば同じ水準で戦っていたにすぎない。それは論争であって、探求でもなければ、哲学でもない。彼は若くて、まだ未熟なのである。ともによろこぶクレイニアスも、同様であろう。

助け船のようなソクラテスの言葉を受けて、ディオニュソドロスは、「ソクラテス、君は美しいものを見たことがあるかね」とたずね、議論が方向転換する。「ええ、私としては。しかも多くのものを」。「はたしてそれらは美とは別のものだったのだろうか、それとも美と同じものだったのだろうか」。この問いにソクラテスは行きづまり、途方に暮れるが、この困惑はプラトンのイデア論を予感させるものである。美しいものと美そのもの〈美〉のイデア）との区別がイデア論の出発点だからである。

「それらは美そのものとは別のものですが、それらには何らかの美しさがそなわっています」とソクラテスは答える。これを捉えてディオニュソドロスは、「君のそばに牛がいるのなら君は牛であり、また私は君のそばにいるのだから、君はディオニュソドロスなんだね」と言う。しかし、ディオニュソドロスのこの問いかけは論点がずれているであろう。何らかの美しさが美そのもの（美であること）の現われであるとすれば、「君のそばに牛がいるのなら」ではなくて、「君のそばに牛そのもの（牛であること）がいるのなら」という表現になるはずだからである。[1] ソクラテスは両人の知恵を欲しており、それを真似ようとしていたが、次のように批判する。

では、同じものは同じものであり、別のものは別のものではないでしょうか。なぜなら、別のものが同じものであるはずはなく、私としては子どもでさえこの点を、つまり別のものは別のものでないかもしれないなどと、疑うようなことはありえないと思っていました。しかし、ディオニュソドロス、あなたはこの点を意図的になおざりにしたというわけです。なにしろ他の事柄については、私の見るところ、ちょうどそれぞれのことをなし遂げるのにふさわしい職人たちのように、あなたがたもまた、もののみごとに対話することをなし遂げていらっしゃるのですから。（三〇一B—C）

ディオニュソドロスは「職人」という言葉を捉えて、今度は話をその方向に逸らす。たとえば、料理人は切り刻んだり、皮を剝いだりするのがふさわしい。「それならば明らかに」と彼は断言する、「だれかが料理人を屠って切り刻み、煮たり焼いたりするならば、その人はふさわしいことをすることになるだろう」。こ

（1） Cf. Guthrie, W. K. C., *A History of Greek Philosophy* IV, Cambridge, 1975, p. 278.

れを聞いてソクラテスは讃嘆の念を禁じえない、「すでにあなたは、その知恵に最後の仕上げをほどこしているのですね！　はたしてその知恵は、いつかある時、私にそなわって私自身のものとなるのでしょうか？」。

おだてられたディオニュソドロスは攻撃の手をゆるめず、「君は自分が支配し、また君にとって自分の望むように用いることができるようなものは何であれ、それらを君のものと考えるのだろうか」などと問いかけるが、ソクラテスは先を聞きたくてこれをあっさり肯定し、自分にも先祖の神々がいること、また神々が魂をもつ生き物であることに同意する。そしてこう言われる、「君は、ゼウスや他の神々は君のものであることに同意しているのだから、はたして君には、それらの神々を、ちょうど他の生き物たちのようにして、売ったり、与えたり、あるいは、君の望むような仕方で用いたりすることができるのだろうか」と。ソクラテスはついに打ちのめされ、あちこちに分散してきた詭弁的議論はようやく終わる。エウテュデモスの恋人たちは喝采を送り、リュケイオンの柱さえ歓喜するほどだったという。ソクラテスは両人を讃えて言う。

幸せなご両人よ、なんと驚くべき天性！　なにしろあなたがたは、これほどの事柄を、これほどすばやく、これほど短時間になし遂げたのですから。ところで、あなたがたの議論は、エウテュデモスにディオニュソドロス、ほかにも多くのすばらしいものをもっています。しかしなかでも、次のことこそとりわけ堂々としている点です。すなわちそれは、あなたがたが多くの人々や、まさに威厳があり、ひとかどと思われている人物たちにはまるで関心がなく、もっぱらあなたがたに似た人たちだけを気にかけている点です。（三〇三C—D）

論争術、その第一の秘訣は話を逸らすこと、第二の秘訣は限定をはずすこと。その魅力は、だれでも容易に学べる言葉の「戯れ」であること。それは自分たちだけの内輪のものであって、他者との対話の共同性を欠いており、空虚である。だが、ソフィスト兄弟は、「多くの人々（大衆）」や「威厳があり、ひとかどと思われている人物」に関心がなく、世俗をかえりみない点で堂々としている。

終幕（三〇四B―三〇七C：第三十―三十二章）――哲学という事柄そのものへ

以上のような報告をしたうえで、ソクラテスはクリトンに、どうすれば彼らの弟子になれるかについて相談するが、クリトンはソクラテスたちの議論を聞いていたある人物から声をかけられたと言い、匿名のその人物の話をソクラテスに語り始める。クリトンが哲学を評価すると、その人物はこう言ったという。

いやはや、何の値打ちもないね。むしろ今もしまた君が居合わせたなら、ぼくの思うに、君自身の友人のことで君はたいへん恥ずかしい思いをするだろう。自分たちが何を言っているのかまったく意に介さず、あらゆる言葉じりをつかまえるような人たちに、自分の身を提供したがるほど、それほど君の友人は常軌を逸していたのだ。そしてこの人たちは、まさに先ほどぼくが言ったように、当代の人々のなかでもいちばんすぐれた人たちの部類に入る。しかし実際は、クリトンよ、その仕事そのものも、その仕事にたずさわっている人たちも、くだらない笑うべき代物なのだ。（三〇五A）

ソクラテスはすぐには返答せず、哲学をけなしたその人物について確認する、弁論家なのか、それとも弁論の作家なのかと。クリトンが後者だと答えるので、ソクラテスはその人物は、プロディコスの言う「哲学者と政治家との境界にいる人」（三〇五C七）だと判断する。名声を博するのに邪魔になるのは哲学にたずさわっている人たちのみ、と思っているから、その人物は哲学をけなし、エウテュデモスやディオニュソドロスを批判する。そしてソクラテスは、そのような「哲学者と政治家との境界にいる人」たちについて次のように言う。

彼らはしかし、自分のことを非常に知恵があると思っている――当然だろう。なぜなら、適度に哲学にかかわり、適度に政治にかかわっているからであり、それもきわめて当然の道理によるのだから――、というのも、彼らは必要とされた程度にだけ両方のことに与るけれども、さまざまな危険や争いの外側にいながら、知恵の果実を収穫していると思っているのだから。（三〇五D―E）

哲学者、政治家、そしてその境界にいる人（ここでは、「弁論の作家」）。ソクラテスはこれら三者の優劣を判定する。哲学と政治が善きものであり、それぞれが異なった目的のためにあるのだとすれば、「境界にいる人」は、哲学の目的であれ、政治の目的であれ、どちらの目的もまともに達成できず中途半端であって、哲学者にも、政治家にも劣っていて、第三位であるはずだ。それなのにその人は第一位であるように思われることを求めている。このようにソクラテスは論じているが、注意すべきは、「境界にいる人」が「危険や争いの外側」にいる人と見られている点である。「境界にいる人」は傍観者なのである。その「知恵の果実」は彼の生を変えることはないであろう。

ここで「哲学のすすめ」の議論が思い起こされねばならない。それによれば、求められるべき知恵は王の技術に至るものであり、この点において哲学は政治術と一致し、それぞれは同じ知恵を目指すものであった。この考え方は『国家』篇の哲人王の構想につながるものであるが、その構想において哲学は政治を見きわめるものとして、政治の上位に位置づけられるべきものとなる（『国家』第七巻五二一B）。他方、「哲学のすすめ」においては、王の技術の議論が行きづまって、最終的に、「善き人」とはどのような人なのかという本質的な問題に回帰し、哲学が新たに始められなければならなかった。この点において、政治は哲学に、王の技術は善き生の技術に依存することになる。

ところが、善き生を実現する当の知恵は、依然不明のままである。行きづまりのなかで、そしてソフィスト兄弟の話を聞くなかで、子どもの教育に悩むクリトンは、人間教育を標榜する人たちに幻滅し、哲学に対して懐疑的になっていた。かくして、ソクラテスは最後に助言する。

哲学にたずさわっている人たちには、それが有用な人たちであれ、劣悪な人たちであれ、さよならを告げて、哲学という事柄そのものを適切、かつ十分に検査したうえで、もしそれがつまらないものであると君に判明するならば、君の息子さんたちだけでなく、あらゆる人たちをそこから遠ざけるようにしたまえ。しかしもしそれがぼくの思っているようなものであることが明らかになるならば、心を励ましてそれを追求し、修業したまえ。（三〇七B―C）

哲学にたずさわっている人たちの現状ではなく（現状はいつも不完全である）、哲学そのものとそれの意義を見きわめなければならない。ソクラテスはクリトンに「哲学のすすめ」の議論をふり返るようにと促しているのである。幸せになるためには、知恵が必要である。知恵こそ真に善きものであり、唯一の善きものである。しかしその知恵の内容は明らかにならず、議論は行きづまって頓挫し、対話者たちは困惑の渦に投げ込まれることになった。「哲学のすすめ」の議論が行きづまりにおいてあらわにするのは、われわれの生の根拠の薄弱さであり、覆われた虚無性である。だが、哲学を人にすすめながら、その哲学が行きづまる。このような哲学を、問題の最終的な解決に至らない哲学を、はたしてクリトンは追求すべきであろうか。

追求したまえ、というのがソクラテスの返答である。探求における行きづまりは重要な前進だからである（『メノン』八四A）。それは自己の内実（無知）があらわになる幸運な瞬間である。自明と思われていたものが崩れ落ち、何ごとかに気づかされるからである。「人が勇気をもち、探求に倦むことがなければ」（同八一D）、行きづまりの困惑状態は、哲学の、そして魂の成長の本来の出発点になるはずである（終着点は、善き人生である）。虚無と隣接するわれわれの脆弱な生に何らかの意味を与えうるものがあるとすれば、それは、ソクラテスによれば、哲学という愛知の活動そのものであっただろう。このような考え方が真実かどうかは、われわれ自身の経験において「適切、かつ十分に検査」され、確認されるほかあるまい。

『クレイトポン』の概要、論評、真偽論争

一　概要

『クレイトポン』は、短い作品である（真作であるなら、プラトンの作品中、最も短い。底本で六頁、ステファヌス版で四頁余り）。読むのに手間取らないであろうし、読者にとってそれの解説などは、特に必要ではないかもしれない。しかしながら、作品の短さがかえって、これまで研究者たちにいろいろな想念を呼び起こし、この小篇は論争の種になってきた。ひょっとして、『クレイトポン』はプラトンの作品ではないかもしれな

い（明らかな偽作はどれも短いからである）、あるいはたとえ真作であっても、未完の作品ではないだろうか（作品の終わり方がそのような印象を与える）、もしそうなら、なぜ未完に終わったのか……。

『クレイトポン』には、古くから単に「すすめ（プロトレプティコス）」という副題がつけられている。[1]それがプラトン自身によるものであるならば、おそらく『エウテュデモス』との関連でつけられたものであろう。その場合、「プロトレプティコス」の含意は、「哲学のすすめ」あるいは「徳のすすめ」（本書では後者の訳を採用した）ということになるだろう。しかしもし後代の人によるものならば、その副題の意味はもっぱら「哲学のすすめ」に限定されるかもしれない。いずれにせよ、副題は「すすめ」であるが、作品を一読すればわかるように、その内容は「すすめ」そのものではない。この点で『クレイトポン』は、『エウテュデモス』と重ならず、そのあとの話と考えられる。それは、ソクラテスによる徳の「すすめ」を紹介したうえで、その「すすめ」の次に来るものを、すなわち、説きすすめられた徳がいったい何であるのかを、ソクラテスに語るように求めているからである。『クレイトポン』という小篇の主題は、この要望に尽きていると言ってよい。

作品はまず、ソクラテスがある人から聞いた話をクレイトポンに語るところから始まっている。その話によれば、クレイトポンは弁論家リュシアスとの対話の際に、ソクラテスを非難し、トラシュマコスをほめていたという。これを聞いてクレイトポンは、その話は正確なものではないと注意を促し、誤解を解こうとす

（1）ディオゲネス・ラエルティオス『ギリシア哲学者列伝』第三巻六〇。

る。なぜなら、彼がソクラテスに批判的であったのはある面のことであって、別の面ではほめていたからである。クレイトポンは自分が責められているように感じたので、いわば弁明のためにその話の詳細を述べたいと伝え、ソクラテスは承諾する（四〇七A）。ここから最後までクレイトポンが語り続けるのである（ソクラテスは一言も発言しない）。

最初に、クレイトポンはソクラテスを賞讃する。すなわち、ソクラテスは人々がなすべきことを何ひとつしていないことに気づかず、使い方も知らずにお金もうけに熱心になり、子どもの教育においてだけでなく、肝心の自分自身に関しても正義を心がけていないと非難し、世の教育の現状をも批判するが、そういった言葉にクレイトポンはとても感心して、次のように言う。

かくして、これらの議論や、ほかにもこの種の議論が数え切れないほど、まったくみごとに語られ、徳は教えられるものであるとか、何よりも自分自身に配慮しなければならないとか言われていましたが、こうした議論に対して私はいまだかつてほとんど反論したことはなく、今後いかなる時も反論することはないでしょう。私はこうした議論はこの上もなく説きすすめる力があり、この上もなく有益であると考え、まさしくわれわれをいわば眠りの状態から目覚めさせるようなものと考えているのです。（四〇八B—C）

ソクラテスの言葉はこの上もなく説きすすめる力があり、有益であって、人々をまどろみから覚醒させるようなものだとクレイトポンは賞讃し、異を唱えることがない。この面で彼はソクラテスに賛同し、敬意を払っているのである。彼がソクラテスに不満を覚えるのは、そのような説きすすめの言葉の次に来る事柄についてである。「私が関心を払っていたのは、その先のことを聞かせてほしいということなのです」とクレイトポンは言う（四〇八C）。

そこで彼はまず、直接ソクラテスにではなく、ソクラテス周辺の仲間たち（ソクラテス学徒たち）に、なかでもソクラテスにひとかどと思われている人たちに問いただしたのである。すなわち、身体に配慮する技術が体育術や医術であるとすれば、魂に配慮する「魂の徳のための技術」とは何であるのか、と（四〇九A）。

この問いに対して、最も力があると思われる人が、「その技術とは、ソクラテスが語っているのを君が聞いている当のものであり、正義にほかならない」と答える。つまり、魂の徳は正義によって実現されるのである。『エウテュデモス』において、ソクラテスと対話していた若いクレイニアスなら、あるいは友人のクリトンなら、このような答えに満足していたであろう。ところがクレイトポンは、その「最も力があると思われる人」に対して、次のように問い返したのである。

私に名前だけを言ってもらってもだめだ、むしろこういうふうにしてくれたまえ。医術はある種の技術と言われているはずだ。しかし、それによってなし遂げられるものは二つあって、一つは、現にいる医者たちに加えて、別の医者たちをたえず作り出してゆくことであり、もう一つは健康を作り出すことである。……したがって、正義の場合も同様であって、一つは、正しい人々を作ることであるとしよう、ちょうど技術の場合にそれぞれの技術者たちを作るようにしてね。しかしもう一つは、つまり、正しい人がわれわれのために作ることのできる成果、それは何であるとわれわれは主張するのか。これを言ってくれたまえ。（四〇九A—C）

この問いかけに、その人は「有益なもの」と答え、他の人たちは「しかるべきもの」とか、「利益になるもの」と答えたが、それらの答えは一般的すぎるのであって、クレイトポンは満足できない。大工術なら、木製の器物を生み出すために「有益なもの」を語るであろう。それならいったい、正義の生み出す固有の成果とは何であるのか。

すると最後に、ソクラテスの仲間のある人が、最も巧妙と思われる答えを提出したという。すなわち、「正義の固有の成果とは、もろもろの国家のうちに友愛を作り出すことなのだ」と（四〇九D）。そして、子どもや動物の友愛を除外したうえで、その人は「本当に、かつ真実に友愛であるのは、明々白々、心を一つにする協調である」と主張する。ところがさらに、協調とは「意見の一致」なのか、「知識」なのかが問われると、有害になりうる「意見の一致」がしりぞけられ、協調は知識と同定されることになる。

ここに至っても、なお反論が予想される。すなわち、もしそうだとすれば、どんな技術もある種の協調であって、議論はめぐりめぐって同じところに戻ってしまったのではないか。技術はみな、自分が何にかかわっているかについて語ることができる。それなのに、君の言う正義とか協調というのはどこに向かっているのか、その成果とはいったい何なのか、依然として不明ではないか、と（四一〇A）。

こうして満足な答えが得られず、クレイトポンはとうとう最後にソクラテス本人にたずねることになったのである。するとソクラテスは、「正義には、敵を害し、友によくすることが属する」と言ったが、後になって、「いかなる時も正しい人は、だれをもけっして害さない」ことが判明する。なぜなら、「正しい人は、あらゆることをあらゆる人に利益になるように行なう」からである（四一〇B）。これは『国家』第一巻のソクラテスとポレマルコスとの議論を思い起こさせるものであろう。すなわち、害することは善き人のはたらきではない。しかるに正しい人は善き人である。それゆえ正しい人は、けっして人を（たとえ敵であっても）

害さない。害することは不正な人のすることなのだ（『国家』第一巻三三五D）。『国家』篇ではこうした議論にポレマルコスは同意しているが（ソクラテスに脱獄をすすめたクリトンも同意するであろう）、トラシュマコスは受けつけない（同三三六D）。クレイトポンはどうであろうか。『国家』篇では何も発言しないが、本篇では明らかに彼は納得していない。「利益」という用語は問題を振り出しに戻すからである（四〇九C参照）。正義のもたらす固有の利益が語られねばならないのである。結局、クレイトポンはふり返って、次のように言う。

このようなことを一度や二度ではなく、まさに長い間ずっと我慢したあげく、私は食い下がるのをあきらめてしまいました。あなたは徳の心がけへと説きすすめることは世のだれにもましてみごとに行なうけれども、次の二つのうちどちらかだと認めたからです。一つは、あなたができるのはただそこまでのことであり、それ以上のことは何もない……

だから、あなたに対してもたぶん正義について同じことを責めてくる人がいるでしょう、すなわち、あなたが正義をみごとに賞讃しているからといって、それだけ正義の識者であるわけではないとね。もちろん、私の立場というのは、このようなものではありません。が、二つのうちどちらかなのです、つまり、あなたは正義を知らないということなのか、それともそれを私と共有したくないということなのか、このどちらかなのです。まさにそれゆえに、私はトラシュマコスのところに行くでしょうし、他のどこへでも赴くことのできるところに行くでしょう、行きづまって困惑しながら。（四一〇B―C）

説きすすめられたクレイトポンは、さらに先のことを聞きたいのである。しかし、ソクラテスはすすめの言葉をくり返すだけであって、それ以上のことを語らない。クレイトポンは困惑に満たされ、途方に暮れ、ソクラテスは正義について本当に知らないのか、それとも知ってはいてもそれを自分と共有したくないのか、このどちらかだと判断し、ソクラテスのもとを去ってトラシュマコスのところへ、あるいは他のどこへでも行く旨を表明する。彼は、これまでのような説きすすめはすべて了解済みとしたうえで、最後に次のように言うのである。

そのうえで、あなたにお願いして私が言おうとするのは、けっして別のことはしないでほしい、ということなのです、そうすれば、今と同じような調子で、私がリュシアスや他の人たちに対して、あなたをある面では讃え、他の面では何かけなすといったこともなくなるでしょうからね。それというのも、まだ説きすすめられたことのない人間にとっては、ソクラテスよ、あなたは絶大な価値のある人だと私は主張するでしょうが、すでに説きすすめられた者にとっては、徳の完成に到って幸福になるには、あなたはほとんど妨げでさえあるのですから。（四一〇E）

ソクラテスは何も答えず、この要望で作品は終わっている。

以上が、『クレイトポン』の概要である。ソクラテスとのやりとり（序章）の後、クレイトポンは、ソクラテスの徳のすすめを讃え（第二―三章）、その上でそのすすめが不十分であることを指摘して（第四―六章）、最後に、ソクラテスにその先のことを語ってほしいと要望している（第七章）。作品全体の趣旨は、この要望に尽きているであろう。

二　論評

さて、クレイトポンの主張は明確であり、ほとんど説明を要しないであろう。この作品に関する最大の問題と見られるのは、彼の最後の要望に対して、ソクラテスからの応答が何もないことである。クレイトポンからいわば一方的に批判が述べられ、ソクラテスは一言も発言しないまま作品は終わっている。なぜソクラテスは応答しないのであろうか。『クレイトポン』の真偽論争ともかかわるこの問題について、以下で若干の論評をしておきたい。

ソクラテスの沈黙についてはさまざまな解釈が考えられるであろうが、[1]『クレイトポン』をプラトンの真作と受けとめるならば、そしてそれがプラトンの思考を表現しているものならば、その場合、二つの重要な

(1) 古代では、次のような解釈も見える。『ティマイオス』冒頭で、「一人、二人、三人、おや、四人目の人は、親愛なるティマイオスよ、どこですか?」というソクラテスの言葉に対して、ティマイオスは「病気にでもなったのですよ、ソクラテス。でなければ、ことさらこの会に欠席するようなことはなかったでしょうからね」と答えている(一七A)。新プラトン派のプロクロス(後四一〇頃―四八五年)は、このやりとりについて註釈し、そのなかで欠席者がだれなのかに関する解釈を紹介し、それをテアイテトスや、あるいはプラトン自身とする見方があるなかで、「プラトン派のプトレマイオスは、その人[欠席者]はクレイトポンである、と考えている。なぜなら、同名の対話篇においてクレイトポンはソクラテスから応答にも値しないと見なされた、と考えているからである」と述べている(プロクロス「プラトン『ティマイオス』註解」第一巻二〇-七―九)。すなわち、プトレマイオス(前一〇〇年頃)によれば、ソクラテスはクレイトポンの問いを意味のないものと見なして応答しなかったということである。だが、問いの重要性からして、このような見方は的はずれであろう(Cf. Grube, G. M. A., "The *Cleitophon* of Plato," *Classical Philology* 26, 1931, p. 303)。

可能性が考えられるであろう。一つは、『クレイトポン』がソクラテスの哲学の限界を示しているという可能性であり、もう一つは作品が未完であるという可能性である。前者の可能性を示唆したのはガスリーであり、後者の可能性を示唆したのはグロートである。

ガスリーによれば、クレイトポンによるソクラテス批判は、彼がソクラテスをすぐれた勧告者として誠実に賞讃した後に提出されており、『国家』篇のトラシュマコスのような論争的な姿勢で提出されてはいない。クレイトポンは必ずしもトラシュマコスのところに行きたがっているわけではないのである。なぜなら、「行きづまって困惑しながら」（四一〇C八）彼が戻ってきたのは、ほかでもなくソクラテスのところだったからである。まさに今ならソクラテスは、次の問いに答えてくれるかもしれない。すなわち、人生の究極目的とは何であるのか、あるいは人間にとっての善とは何であるのか……。

状況を以上のように解したうえで、ガスリーはこう主張する。すなわち、『クレイトポン』は、もしその小篇がプラトンによるものであるならば、たいていの研究者たちが考えてきたように、それを不完全と見るには及ばない。それは「アポリア的対話篇（aporetic dialogue）」であって、そのアポリアー（行きづまり、困惑）は、ソクラテスがプラトンに伝え残したものであり、プラトンはそれを解くことにまさに自分の生涯を捧げたのだ、と。(1)

したがって、ガスリーによれば『クレイトポン』は未完ではなく、「アポリア的対話篇」の一つと見なされる。しかしながら、ソクラテスが登場する初期対話篇のほとんどが、彼と対話者との積極的な問答の末にアポリアーに至っており（例外は、ソクラテスが脱獄拒否の結論を示す『クリトン』のみ）、こうした事実からすれば、クレイトポンの問いかけに対してソクラテスからの発言がまったくないというのは、やはり謎として残るであろう(2)。

別の解釈の可能性が考えられる。グロートによれば、『クレイトポン』はプラトンの作品ではあるが、未完のスケッチ、ないし断片である。彼は次のようにやや思弁的な推論を試みる。すなわち、『クレイトポン』は現在のような状態で公刊されたものではなく、プラトンの書き物のなかに留まっていたものであり、彼の死後、彼の学園に知られるようになって、そこからアレクサンドリアの図書館に移されたのではないか。そして、その作品は、もともとは、後に『国家』篇で引き受けられる問題の解決への準備として意図されたものではなかったか。なぜなら、『クレイトポン』はソクラテスが正義によって何を意味しているのかを説明

(1) Guthrie, pp. 388-389.

(2) 近年、ルーチニックは、『国家』第一巻のクレイトポンのわずかな発言と沈黙から、彼に徹底的な相対主義(radical relativism)の立場を帰して、彼とソクラテスとの間での哲学的な対話は成り立たないとし、その観点からソクラテスの沈黙を解釈しようとする。すなわち、徹底的な相対主義のクレイトポンには、客観的な解答はありえず、彼には語りかけうる言葉がなく、ソクラテスは沈黙せざるをないという解釈である(Roochnik, D. L., "The Riddle of the *Cleitophon*," *Ancient philosophy* 4, 1984, pp. 132-145)。他方、オーウィンは、作品の形式に注目して、『クレイトポン』は『ソクラテスの弁明』の逆ヴァージョンであり、ソクラテスによっていわば告発されたクレイトポンが一貫して弁明しており、最終評決は読者に委ねられていると解する(Orwin, C., "On the *Cleitophon*" in *Plato's Cleitophon*, ed. Kremer, M., Maryland, 2004, pp. 61, 67)。それに対し、ムーアは、ソクラテスの沈黙はソクラテスの聞く能力を強調するものであると解する(Moore, Chr., "Clitophon and Socrates in the Platonic *Clitophon*," *Ancient Philosophy* 32, 2012, p. 19)。それぞれ興味深い解釈であるが、ここでは立ち入らず、紹介にとどめておきたい。

するように求めるものだからである。けれども、そのような意図はけっして実現されることなく、問題の解決への準備は『国家』第一巻、および第二巻で提出されることになったのではないか(1)。これがグロートの推定であるが、要するに、『国家』第一、二巻が、『クレイトポン』に取って代わったということである。だが、こうした推定の根拠は何であろうか。

グロートは、ソクラテスがクレイトポンの要望に応答しなかったことについて、クレイトポンの現状とソクラテスの役割に注意を払う。すなわちまず、クレイトポンはソクラテスの反対者でもなければ、部外者でもなく、また、初心者でもない。彼はソクラテスとは長いつきあいの間柄である。彼はすでにソクラテスの論駁的議論を十分に経験しており、また、それのもたらす利益に対しても感謝しており、したがって今やその状態から一歩を踏み出すべきときなのである。彼の現状は、ソクラテスによる論駁に耐えうる教説と説明を求めているのである。ところが、これこそまさにソクラテスのなしえないことなのだ、とグロートは主張する。なぜなら、ソクラテスはいわば「虻」のような存在であり、その役割は鈍い馬のようなアテナイ人たちを刺激することだったからである(『ソクラテスの弁明』三〇E参照(2))。ソクラテスの仕事はあくまで吟味論駁による人々の覚醒であって、問題の最終解決を求めるクレイトポンの要求を満たす役割を、そもそも担ってはいないのである。

このような解釈はしかし、『ソクラテスの弁明』の読者なら、だれにでも自然に思い浮かぶであろう。ソクラテスは善美の事柄について、「私は知らないから、そのとおりにまた、知らないと思っている」(『弁明』二一D)と主張していたのであり、「神だけが、本当の知者なのかもしれない」(同二三A)とも語っていたからである。ソクラテスはクレイトポンの要求する問題については、それに解答しうる知識を持ち合わせていないのである。無知の自覚こそソクラテスの哲学の原点にほかならない。

けれども、ここまでは、ソクラテスについての話である。グロートはさらに、プラトンについて次のように考える。すなわち、問題の解決を企てていると見られる『国家』篇のような議論も、ソクラテスの論駁が向けられると、やはり解体にさらされる。また、そこでの超越的な仮設や、宗教的で詩的な理想は印象的ではあるが、しかし、ソクラテスの吟味によって訓練された心には受け入れがたい。ここに、プラトンが『クレイトポン』を仕上げようとせず、未完のスケッチとして残した理由が認められるであろう。彼はおそらく、意図せずして、ソクラテスと自分自身に対して「あまりにも強すぎる反対論」を提出したのであろう、とグロートは言う。つまり、『クレイトポン』でソクラテスに要求された問題は、プラトンにとっても解決しがたいものであって、そのまま作品を書き続けていたなら、彼は、クレイトポンに、仮借なき吟味論駁に耐えうる解決を提示しなければならなかったが、これは困難な仕事であるばかりか、そもそも不可能なことであったのだ。こうして、われわれは『クレイトポン』をただ断片として手にしているだけなのである。(3)

以上がグロートの議論であるが、『クレイトポン』が未完であるかどうかについては、やはり有力な手がかりがなく、結局、グロートの解釈のみならず、どのような解釈も推測の域を出ないと言わなければならな

(1) Grote, G., *Plato and the Other Companions of Sokrates* III, *Kleitophon*, pp. 20-21.

(2) Grote, III, pp. 23-24.

(3) Grote, III, pp. 24-25.

いであろう。とはいえ、この小篇はきわめて印象的である。要求されている問題が人生の究極的な意味を問うものであり、しかもそれに対する哲学者ソクラテスからの応答が一切ないからである。

この点の重大さに注意を払う点で、ガスリーもグロートも一致している。同じ方向の問題は、『エウテュデモス』の「哲学のすすめ」の議論においても提出されていたが、その議論はアポリアーに陥っていた（二九二E）。こうした問題のなかでクレイトポンは困惑し、行きづまっていたのである。この小篇がプラトンの作品であるなら、彼は『国家』篇でクレイトポンの要求に応えようとしたであろう。そこでの議論の成否はともかく、『国家』篇という大作がクレイトポンの本質的な困惑を解く試みであることは疑われないはずである。内容的に見れば、『クレイトポン』は『エウテュデモス』を受け、『国家』篇の序論的位置に来る作品と考えるのがやはり最も自然である。(1) この点で、古くからの見方は誤っていないように思われる。

三　真偽問題

『クレイトポン』はプラトンの真作であろうか、偽作であろうか。この問題が近代になってからくすぶり続けてきたが、古代においては、『クレイトポン』が偽作と見なされたことは一度もなかった。(2) この小篇が偽作と宣言されたのは、アストやシュライエルマッハーを始めとする十九世紀の多くの有力な古典学者たちによってである。(3) その趨勢のなかで、真作を主張したのはグロートである。(4)

近年はといえば、依然として真偽どちらであるかを確信をもって断言できないという状況であろう。たとえば、スリングズは一九八一年公刊の学位論文において、その対話篇は偽作であると表明していたが、一九

九九年の『クレイトポン』に関する註釈（学位論文の改訂版）では、ためらいながらも、「私は『クレイトポ

（1）『クレイトポン』には『国家』第一巻への言及、および第二巻冒頭におけるソクラテス批判の先駆が見られることから、この小篇を『国家』第一巻の後に、そして第二巻の前に書かれたと推定することも可能かもしれない（Grube, pp. 306-308）。

（2）例外はクセノポンかもしれないが、確証はない。彼の『ソクラテス言行録』に、「もしも一部の者たちが、ちょうど幾人かの人がソクラテスについて聞きかじったことを書いたり語ったりしているような具合に、彼は人びとに徳を説き勧めることには長けてはいたが、それへと導いていくのには力不足であった、と考えるとしたら……」という記述が見える（第一巻第四章一、内山勝利訳）。ここでのソクラテスに関する記述は、『クレイトポン』四一〇Eの文章と同趣旨のものと考えられ、その文章が念頭に置かれているとすれば、クセノポンは『クレイトポン』をプラトンの作品とは見ていないことになろう。なぜなら、プラトンが「ソクラテスについて聞きかじったこと」を書いているとは考えにくいからである。のみならず、クセノポンの記述にはその小篇への言及も、クレイトポンその人への言及も見られない。むしろ、「幾人かの人が……書いたり語ったり」と言われていることからすれば、他の人たちによる別の記述や発言が念頭に置かれているかもしれない（Bowe, G. S., "In Defense of Clitophon," *Classical Philology* 102, 2007, p. 246, また内山訳の註参照）。

（3）Cf. Grube, p. 302.

（4）グロート（Grote, III, p. 20）以前に真作と考えたのは、イクセム（Yxem, E. F., *Ueber Platon's Kleitophon*, Berlin, 1846, p. 25）であるが、彼はほとんど論拠なしに、『クレイトポン』はトラシュロスの第八テトラロギアーの他の三作の序論と見たうえで、「『国家』篇は、クレイトポンがソクラテスに提出した課題の解決である」と主張した。イクセムの論文に関するこの情報は、ルーチニック（Roochnik, p. 144, n. 7）に負っている。

ン』をプラトンの真作として受け入れる」と述べている。[1] つまり、見解を変えたのである。しかし、このような見解の変更はスリングズにとどまらない。『国家』篇の翻訳（ロウブ古典叢書）で著名なショーリーは、学位取得時の一八八四年には『クレイトポン』は真作であるという見解を主張していたが、一九三三年の彼の著作『プラトンは何を言ったか』では、「今ではそれを疑う」と述べて見方を変えている。[2] つまり、スリングズと正反対の方向に見解を変えているのである。

なぜ、このような解釈状況なのか。一人の研究者においてさえ判断が揺れており、『クレイトポン』の真偽は確定しがたいように見える。この論争において考慮すべきは、細かな争点ではない。何か決め手になるような手がかりが必要なのである。そのようなものが存在するだろうか。もっとも、われわれにとって何よりも重要なのは、古代ではその真作性が疑われることのなかった『クレイトポン』をまず虚心に読むことであろう。するとおそらく、われわれが通常受けるのは、この小篇は未完であるかもしれないという印象であろう。作品は短く、不意に終わるからである。この点で、グロートの捉え方はやはり自然なのである。

他方、トラシュロス（後一世紀）をはじめとする古代の人たちはむしろ『クレイトポン』を未完ではなく、いわば「序論」として、すなわち副題にあるように、まさに「すすめ（プロトレプティコス）」として受け取り、第八テトラロギアー（四部作集）の最初に置いたと考えられる。それならば、なぜこの作品は近代になって偽作と見なされるようになったのであろうか。

作品の真偽は文体と内容から判断されるが、文体に関しては決定的なことは言えない。たとえ『クレイトポン』の文体がプラトンらしくないように見えても、その理由によってこれを彼の作品でないとすることはできない。プラトンなら、クレイトポンその人の表現の仕方を真似ることができたと考えられるからである。ガスリーは適切にも、「プラトン自身が、すばらしい再現者でありパロディー作者であった」ことを指摘したうえで、「彼が自分自身のではなく、ソクラテスの訓話のクレイトポン版を提示している」可能性を主張している。[3] もしそうだとすれば、われわれはむしろ内容の観点から『クレイトポン』の真偽性を問題にしなければならないであろう。

いったい、作品のどこが疑わしいのであろうか。本当に偽作なのであろうか。これをめぐる論争にはしかし、意外な背景がある。ルネサンス末期の一五一三年、イタリアの印刷業者であり、古典愛好家の出版業者でもあったアルドゥス・マヌティウス（一四四九―一五一五年）が公刊したプラトン著作集（アルドゥス版）において、『クレイトポン』が偽作のグループに入れられて印刷されたのである。ところが、その時の編集者たちは、他方で、『クレイトポン』を『国家』に先行する著作としてリストに挙げていたのである。つまり、真作と見ていたにもかかわらず、誤って偽作のグループに入れて印刷してしまったわけである。彼らはこの食い違いについて、「『クレイトポン』は第八テトラロギアーの最初の作品として置いた方が望ましかったであろう」と釈明したが、続く後代の編集者たちはアルドゥス版を踏襲し、『クレイトポン』を偽作のグルー

（1）Slings, *Plato: Clitophon*, 1999, p. 234. スリングズの学位論文は、*A Commentary on the Platonic "Clitophon"* (Amsterdam, 1981) であり、彼の立場の変更はタイトルの変化にも現われている。

（2）Shorey, P., *What Plato Said*, Chicago, 1933, p. 658. この情報は、Slings, p. 234, n. 409 に負っている。

（3）Cf. Guthrie, p. 388.

プに入れたまま出版することになったのである。(1)

アルドゥス版から六五年を経て、一五七八年にジュネーブでヘンリクス・ステファヌスが刊行したプラトン全集（ステファヌス版、編集者ヨハネス・セラヌスのラテン語訳を付した三巻本）においても、『クレイトポン』は第三巻の末尾（偽作グループ）に置かれることになった。定評のあるステファヌス版はその後ながらく標準版としての地位を保っていったが、十九世紀末になってジョン・バーネットがオックスフォード古典叢書として五巻本のプラトン全集（バーネット版、一八九九—一九〇六年）を刊行し始めた。これはトラシュロスの四部作集を復活させたものであり、ここに至って始めて『クレイトポン』はその第四巻に収められ、『国家』篇の前に置かれることになったのである。

こうした状況のなかで（バーネット版は例外）、アルドゥス版以来、この小篇は偽作の位置に追いやられることになり、これが近代の真偽論争のきっかけとなったと見られる。ところが、このいきさつにはさらに背景がある。アルドゥス版の刊行より二〇年余り遡る一四九一年、イタリアの指導的プラトニストであったフィチーノ（一四三三—一四九九年）がプラトンの著作のラテン語訳を出版しており、彼は通常それぞれの対話篇の要約を訳の直前につけていたが、『クレイトポン』の場合には何の要約もなく、その対話篇の上部に、「この書はおそらくプラトンのものではない（Hic liber forte non est Platonis）」と記していたのである。なぜ、彼はこのように記したのであろうか。

これは内容的な観点からではなく、フィチーノが作業をした写本によるものと推定されている。彼が用いたのはラウレンツィアーナ図書館所蔵の二つの写本（Laur. 59, 1, およびそれに修正を加えた 85. 9）であるが、

『クレイトポン』は、写本85.9ではプラトンの「庶出著作（ノテウオメノイ）」（＝偽作グループ）に分類されているけれども、その源となる写本59.1では「庶出著作」の外に置かれている。すなわち、真作の可能性があるにもかかわらず、フィチーノは『クレイトポン』の上部にあえて「この書はおそらくプラトンのものではない」と記したのである。(2) なぜなのか。

実際、フィチーノは早くから（一四六〇年代後半）プラトンの翻訳の作業と同時に、『饗宴』や『ピレボス』の註釈を書いていたが、その時には『クレイトポン』を真作と見なしていたように見える。(3) というのも、『「ピレボス」註解』第一巻第七章の終わりで彼は、『エウテュデモス』において幸福はもろもろの善きものの所有ではなく、使用にあることが証明され、またプラトンは他の箇所でしばしば知恵を他の善きものと呼ばれるものと比較していた、などと述べたうえで、続く第八章の冒頭で、「しかし上述の比較をもし人が理解したいと望むなら、まず『クレイトポン』、『メノン』、『アルキビアデス』、そしてとりわけ『法律』篇を

(1) この事実をはじめて指摘したのは、『クレイトポン』の真作を主張したイクセムである。この情報は、グロートに(Grote, III, p. 19, n. r.)、またアルドゥス版に関する詳細は、グルーブおよびルーチニックに負っている（Grube, p. 302, Roochnik, p. 133）。

(2) フィチーノに関する以上の情報は、ボウに負っている（Bowe, pp. 247-248）。

(3) Cf. Bowe, *Ibid.* フィチーノの『「ピレボス」註解』は一四六九年に執筆されたと推定され、第三版の最終版は一四九六年に出版されている。こうした年代については、アレンの研究（Allen, M., *Marsilio Ficino: The Philebus Commentary*, Berkeley, 1975, pp. 48-56）参照。なお、アレン校訂のフィチーノのテクストは最終版に基づいている。

読むべきである」と言っているからである。[1] この時、フィチーノが『クレイトポン』の真作性を疑っている様子は見られない。

とすれば、ラテン語訳を出す際に、彼は『クレイトポン』に疑いを抱き、見解を変えたことになる。それが単に写本の影響によるものであるならば、作品の内容には疑いを抱いていなかったことになるが、あえて彼が「この書はおそらくプラトンのものではない」と書きつけたとき、何らかの疑問を感じていたのではないかと推測される。フィチーノが実際どのように考えたのかはあいにく不明であるが、彼の『ピレボス』註解』が示すように、作品の真偽にかかわらず、彼が『クレイトポン』の哲学的意義を認めていたことは疑われないであろう。

それならば、十九世紀に入って以来、多くの学者たちが『クレイトポン』の内容そのものに疑問を感じたのはどうしてであろうか。たとえば、シュライエルマッハーは、作品の冒頭からしてすでに、つまり、ソクラテスが第三者的にクレイトポンに語りかけ、自分が非難されていることについて訴え、クレイトポンにソクラテスは明らかに不機嫌だと言い返させるようなことは、「まったく非プラトン的（ganz unplatonisch）」だと言う。[2] たしかに、プラトンの作品に馴染んだ読者ならそのような印象を受けるかもしれない。しかし、ソクラテスが非難されているのは伝聞によるものであって、その観点から彼がクレイトポンに語りかけようとすれば「第三者的」にならざるをえないとも言える。逆にまた、クレイトポンのあけすけな発言はソクラテスとの親しさを表わしているとも考えられ、作品がこうしたやりとりから始まっていてもけっして不自然ではなく、「まったく非プラトン的」とまで言い切ることはできないであろう。

他方、テイラーは、その小篇は『国家』第一巻のソクラテスとトラシュマコスのやりとりの批判のように見えるが、「プラトンが自分自身の著作の一つに対して、このように批判者を演じるのは考えにくい」と言う[3]。これはしかし、グルーブやガスリーの指摘するように、『パルメニデス』のようなプラトンの自己批判的な作品を見れば、けっして「考えにくい」ことではないであろう[4]。プラトンにとって、自己吟味はソクラテスからの贈り物である。

それならば、ほかにどのような理由が考えられるだろうか。作品が短いということや、読み手が個人的に受ける印象を別にすれば[5]、『クレイトポン』を偽作とする何らかの客観的な理由は、プラトンの他の作品の記述との不整合に求めるほかないであろう。その場合、決定的と見られるのは一つしかないように思われる。それは「敵を害し、友を益する」という正義観が、『国家』第一巻ではポレマルコスによって持ち出されているのに対し、『クレイトポン』ではソクラテスによって語られたと報告されている点である。そうした正義観をプラトンがソクラテスに語らせることはまずなかったであろう、とショーリーは記している[6]。『クレ

(1) Allen, pp. 120-123.
(2) Schleiermacher, *Kleitophon*, Berlin, 1861, Einleitung.
(3) Taylor, A. E., *Plato: The Man and His Work*, London, 1926 (paperback reprint 1960), p. 12.
(4) Cf. Grube, p. 304, Guthrie, p. 388, n. 3.
(5) たとえば、ロウは、「私はその対話篇を読むたびに、それはけっしてプラトンのようには感じられない (whenever I read the dialogue, it never *feels* like Plato, イタリックはロウによる)」と言う (Rowe, Chr., "What might we learn from the *Clitophon* about the nature of the Academy?" *Philosophie der Antike* 22: Pseudoplatonica, 2005, p. 218)。
(6) Shorey, p. 658.

イトポン』を真作と見なす場合、さまざまな末梢的な理由を除けば、これがやはり最も大きな「躓きの石」として残るだろう(1)。

この難点は、別の作者を想定することで取り除くことができるだろうか。たとえばロウは、『クレイトポン』の著者というのは、プラトンの対話篇をいわば外側から読んでおり、したがって『国家』篇なら、そのすべてはソクラテスが語っているかのように扱われ、どの時点であろうと、そもそも語っている人がだれであるかについては現代の読者であるわれわれほどには関心がない、と主張する(2)。ロウの示唆によれば、『クレイトポン』は『国家』篇の註釈であり、その著者はアカデメイアの一員であって、プラトンの書き方をよく理解している人である(3)。しかしながら、この小篇がプラトンの著作に精通した才能ある作者によるものであるとすれば、かえってこのような矛盾は見られないとも考えられる。その著者は、徹底的にプラトンを真似ようとするからである。

他方、もしプラトンが書いたとすれば、この矛盾にはどういった理由が考えられるだろうか。スリングズは、それをクレイトポンによるソクラテス攻撃のぎこちなさに求めている。つまり、クレイトポンの攻撃がぎこちなければ、それだけソクラテスの立場は損なわれないということである(4)。たしかに、このようなことは考えられるかもしれない。クレイトポンのソクラテスに対する大きな賞讃と強い非難は、彼がむしろ情緒的な性格の持ち主であることを示していると見られ、彼の発言は必ずしもソクラテスの見解を正確に再現したものではないとも解されるからである。すなわち、クレイトポンがソクラテスに対して、「あなたは私に対して、正義には、敵を害し、友によくすることが属すると言ったのです」(四一〇A―B)と語ったとき、実際には単に一般的に言われていることをソクラテスが述べたにもかかわらず、彼はそれを性急にソクラテス自身の主張として受け取ってしまったと見ることができるかもしれない(5)。

しかしながら、注意が必要である。なぜなら、クレイトポンの行動をふり返れば、彼はソクラテス周辺の人たちから質問を重ねていって、最後にソクラテスにたずねているからである。つまり彼は、慎重なのである。おそらくここでより重要なのは、正義とは敵を害し、友を益するといった趣旨の主張に対し、クレイトポンが続けて、「正しい人は、だれをもけっして害さないのだと判明しました」とつけ加えていることである。これはソクラテスの立場の確認にほかならないが、作品全体の文脈から見ると、彼によるこの付加は、

---

(1) 三嶋輝夫「それから？——『クレイトフォン』とその先への問い」『西洋古典学研究』五二、二〇〇四年、一〇頁。また、田中美知太郎訳『クレイトポン』の解説（岩波版プラトン全集第十一巻、七七九頁）参照。三嶋氏は、プラトンがクレイトポンに、ソクラテスの基本思想に関して意図的にミステイクさせるとは想像しがたいとして、プラトン以外の著者を示唆しているが、スリングズは、そのような難点は、他の著者を想定する場合よりも問題が少ないとして真作説に傾いている（Slings, p. 233）。

(2) Rowe, *op. cit.*, p. 220.

(3) Rowe, *op. cit.*, p. 221.

(4) Slings, p. 233.

(5) 偽作説に立つロウは、この誤認は『クレイトポン』の著者が標的にしているのはプラトンであることを示していると示唆する。すなわち、『国家』でポレマルコスの提案をポレマルコスに語らせているのは、結局は著者のプラトンだからである（Rowe, Chr., "Cleitophon and Minos" in *The Cambridge History of Greek and Roman Political Thought*, Cambridge, 2000, p. 306）。

ソクラテスが前提をひっくり返して、ここでも彼を困惑させているという事態を示すものと見られるだろう(1)。直後に彼は、「このようなことを一度や二度ではなく、まさに長い間ずっと我慢したあげく、私は食い下がるのをあきらめてしまいました」と述べているからである。要するに、彼はみずからの困惑の源がソクラテスにあることを浮き彫りにしているのである。

もっとも、こういった解釈も推測の域を出ないと言われるかもしれない。それならば、われわれはやはり判断を保留すべきなのであろうか。そうすべきかもしれない。だが、クレイトポンのソクラテスに対する問いかけは、倫理的用語の根拠を突いていて、きわめて鋭い（近現代の倫理学者も容易に応答できないであろう）。彼のいわばメタ倫理的な問いかけの哲学的意義を顧みるとき、この小篇の著者としてプラトン以外の人を想定することは困難であるように思われる。もしそうなら、プラトンはこの作品を書き始めて、ソクラテスの哲学の、あるいは哲学そのものの根底にかかわる問題をあらわにしたところで、筆を擱いたのかもしれない。『クレイトポン』は未完の断片というよりも、プラトンの覚え書きのように映る。真偽論争をこえて、この小篇が珠玉の佳篇であることに疑いの余地はないであろう。

訳出にあたって、使用した主な文献は以下のものである（括弧内のカタカナ表記は、註で言及されたときの略称。なお、底本に示されていて、訳註でカタカナ表記された原文批評者の人名は含まれていない）。

原文校訂、註釈、および翻訳

＊『エウテュデモス』関連

Canto, M., *Platon: Euthydème*, Paris, 1989（カントー）

Chance, Th. H., *Plato's Euthydemus: Analysis of What Is and What Is Not Philosophy*, Berkeley, 1992

De Vries, G. J., "Notes on Some Passages in the *Euthydemus*," *Mnemosyne* 25, pp. 42–55

Gifford, E. H., *The Euthydemus of Plato, with revised text, introduction, notes, and indices*, Oxford, 1905（ギフォード）

Hawtrey, R. S. W., *Commentary on Plato's Euthydemus*, Philadelphia, 1981（ホートリー）

Lamb, W. R. M., *Plato: Euthydemus*（Loeb Classical library）, London, 1924（ラム）

McBrayer, G. A., Nichols M. P., and Schaeffer, D., *Plato: Euthydemus, with an Interpretive Essay*, Newburyport, 2011

Méridier, L., *Platon: Euthydème*（Budé édition）, Paris, 1931（メリディエ）

Rouse, W. H. D. trans., *Euthydemus*, in *The Collected Dialogues of Plato*, ed. Hamilton, E. and Cairns, H., Princeton, 1961

Schleiermacher, F., *Euthydemos*（*Platon Sämtlich Werke*）, ed. Otto W. F. et al., Hamburg, 1957（erste Auflage 1805）

Sprague, R. K., *Plato's Use of Fallacy: A Study of the Euthydemus and Some Other Dialogues*, London, 1962

Plato: Euthydemus, translated with an introduction, Indianapolis, 1965（スプレイグ）

（一）この解釈は、ブリッツに負っている（Blits, J. H., "Socratic Teaching and Justice: Plato's *Clitophon*" in *Plato's Cleitophon*, ed. Kremer, M., Maryland, 2004, p. 71）。

Stallbaum, G., *Platonis Euthydemus*, Gotha, 1836（シュタルバウム）
山本光雄（訳）『エウテュデモス』（岩波版『プラトン全集』第八巻、一九七五年）

＊『クレイトポン』関連

Ast, Fr., *Clitophon*（Platonis quae extant opera）Leibzig, 1827
Bekker, I., *Kleitophon*（Platonis scripta graece omnia）London, 1826
Bury, R. G., *Plato: Cleitophon*（Loeb Classical Library）London, 1929
Gonzalez, F. J., *Clitophon*（*Plato: Complete Works*, ed. Cooper, J. M.）, Indianapolis, 1997（ゴンザレス）
Kremer, M.（ed.）, *Plato's Cleitophon: On Socrates and the Modern Mind*, Maryland, 2004
Slings, S. R., *Plato: Clitophon, with introduction, translation and commentary*, Cambridge, 1999（スリングズ）
Souilhé, J., *Platon: Clitophon*（Budé édition）, Paris, 1931
Schleiermacher, F., *Kleitophon*（Platons Werke, dritte Auflage）, Berlin, 1861（erste Auflage 1809）
田中美知太郎（訳）『クレイトポン』（岩波版『プラトン全集』第十一巻、一九七六年）

また、両著作の訳註、および解説の作業において、関連の研究書や論文のたぐいを参照したが、その主なものは以下のものである（解説の文脈上、言及されなかったものも含む）。

Allen, M., *Marsilio Ficino: The Philebus Commentary*, Berkeley, 1975

Blits, J. H., "Socratic Teaching and Justice: Plato's *Clitophon*" in *Plato's Cleitophon*, ed. Kremer, M., Maryland, 2004, pp. 71–85

Bowe, G. S., "In Defense of Clitophon," *Classical Philology* 102, 2007, pp. 245–264

Brandwood, L., "Stylometry and Chronology" in *The Cambridge Companion to Plato*, ed. R. Kraut, Cambridge, 1992, pp. 90–120

Burnyeat, M. F., "Plato on how not to speak of what is not: *Euthydemus* 283a-288a" in *Le Style de la Pensée*: Recueil de textes en hommage a Jacques Brunschwig réunis par Monique Canto-Sperber et Pierre Pellegrin, Paris, 2002, pp. 40–66

Dodds, E. R., *Plato: Gorgias*, Oxford, 1959

The Greeks and the Irrational, Berkeley, 1951（邦訳『ギリシア人と非理性』岩田靖夫・水野一訳、みすず書房、一九七二年）

Gill, Chr., "Protreptic and dialectic in Plato's *Euthydemus*" in *Plato: Euthydemus, Lysis, Charmides, Proceedings of the V Symposium Platonicum*, ed. Robinson, T. M. and Brisson, L., Sankt Augustin, 2000, pp. 133–143

Grote, G., *Plato and the Other Companions of Sokrates* I, III, London, 1865

Grube, G. M. A., "The *Cleitophon* of Plato," *Classical Philology* 26, 1931, pp. 299–306

Guthrie, W. K. C., *A History of Greek Philosophy* IV, Cambridge, 1975

Kato, S., "The Crito-Socrates Scenes in the *Euthydemus*: A Point of View for a Reading the Dialogue" in *Plato: Euthydemus, Lysis, Charmides, Proceedings of the V Symposium Platonicum*, ed. Robinson, T. M. and Brisson, L., Sankt Augustin, 2000, pp. 123–132

Keulen, H., *Untersuchungen zu Platons „Euthydem“*, Wiesbaden, 1971

Mishima, T., “Clitophon’s challenge and the aporia of Socratic protreptic,” *Japan Studies in Classical Antiquity* 2, 2014 (forthcoming)

Moore, Chr., “Clitophon and Socrates in the Platonic *Clitophon*,” *Ancient Philosophy* 32, 2012, pp. 1–22

Orwin, C., “On the *Cleitophon*” in *Plato’s Cleitophon*, ed. Kremer, M., Maryland, 2004, pp. 59–70

Rider, B. A.. “Socrates’ Philosophical Protrptic in *Euthydemus* 278c-282d,” *Archiv für Geschichte der Philosophie* 94, 2012, pp. 208–228

Roochnik, D. L., “The Riddle of the *Cleitophon*,” *Ancient philosophy* 4, 1984, pp. 132–145

Rowe, Chr., “What might we learn from the *Clitophon* about the nature of the Academy?” *Philosophie der Antike* 22: Pseudoplatonica, 2005, pp. 213–224

“Cleitophon and Minos” in *The Cambridge History of Greek and Roman Political Thought*, Cambridge, 2000, pp. 303–309

Shorey, P., *What Plato Said*, Chicago, 1933

Strauss, L., “On the *Euthydemus*” (*Interpretation* 1, 1970) in Leo Strauss, *Studies in Platonic Political Philosophy*, Chicago, 1983, pp. 67–88

Taylor, A. E., *Plato: The Man and His Work*, London, 1926 (paperback reprint 1960)

Vlastos, G., *Socratic Studies*, Cambridge, 1994

Yxem, E. F., *Ueber Platon's Kleitophon*, Berlin, 1846

田中美知太郎『哲学初歩』、岩波書店、一九五〇年（改訂版、岩波現代文庫、二〇〇七年）

　「プロトレプティコス」（『田中美知太郎全集』第五巻、筑摩書房［一九六九年］所収、初出『哲学研究』一九三八／三九年）

　『学問論』、筑摩書房、一九六九年

廣川洋一『プラトンの学園アカデメイア』、岩波書店、一九八〇年

　『アリストテレス「哲学のすすめ」』、講談社学術文庫、二〇一一年

三嶋輝夫「それから？——『クレイトフォン』とその先への問い」、『西洋古典学研究』五二、二〇〇四年、一—一二頁

＊付　記

本書の『エウテュデモス』が成るにあたって、訳文の草稿全体をケンブリッジ大学留学中の岩田直也氏にチェックしていただき、多くの貴重なコメントをお寄せいただいた。ヘルマン・コイレン（H. Keulen）の研究書の閲覧に関しては、奥掘亜紀子さん（神戸大学大学院）にご協力を仰いだ。本書は、『エウテュデモス』と『クレイトポン』の合本であるが、当初意図していなかったこの組み合わせをご提案くださったのは、京都大学学術出版会の國方栄二氏であり、『クレイトポン』の訳出にあたっては、ベッカー版やアスト版の複写も提供してくださった。本書全体の校閲に関しては、國方氏に加え、和田利博氏にひとかたならぬお世話になった。四苦八苦する訳者を助けてくださったこれらの方々に、心よりお礼申し上げたい。

訳者が、はじめて『エウテュデモス』を知ったのは、学生時代に読んだ田中美知太郎先生の『哲学初歩』を通じてであり、その後、作品の全体に目を通して、強い関心を覚えたのは、一九九〇年秋、ケンブリッジ大学古典学部でのマイルズ・バーニエット（M. F. Burnyeat）教授の授業においてであった。本書の訳出、および解説の作業においても、バーニエット教授の研究に多くを負っていることを記しておきたい。また、本書を、二〇一一年三月に他界された小池澄夫学兄に捧げたいと思う。学兄は、鈍感な訳者をいつも静かに刺激してくださった。

二〇一四年三月　　　　訳　者

索　引

数字と *ABCDE* は、ステファヌス版全集のページ数と段落を示す。本書では、本文の欄外上部に記された数字がそれにあたるが、日本語訳に際しては若干のずれが生じる場合があるので、その前後も参照されたい。この索引は網羅的なものではなく、読者の参考のための選択的なものであり、固有名詞と特徴的な事項（原語を付したものもある）が取り上げられている。また、*and passim* は本書の全体にわたってしばしば言及されることを示す。

『エウテュデモス』索引

ア　行

カ　行

サ　行

タ　行

ナ　行

ハ　行

マ　行

ヤ　行

ラ 行

ワ 行

『クレイトポン』索引

ア 行

カ 行

サ 行

訳者略歴

朴　一功（ぱく　いるごん）

大谷大学教授
一九五三年　京都府生まれ
一九八五年　京都大学大学院文学研究科博士課程単位取得退学
二〇〇〇年　京都大学博士（文学）
二〇〇五年　甲南女子大学教授を経て現職

主な著訳書
『実践哲学の現在』（共著、世界思想社）
『西洋哲学史（古代・中世編）』（共著、ミネルヴァ書房）
『イリソスのほとり── 藤澤令夫先生献呈論文集』（共著、世界思想社）
『ソクラテス以前哲学者断片集』第V分冊（共訳、岩波書店）
アリストテレス『ニコマコス倫理学』（京都大学学術出版会）
プラトン『饗宴／パイドン』（京都大学学術出版会）
『魂の正義── プラトン倫理学の視座』（京都大学学術出版会）

エウテュデモス／クレイトポン
西洋古典叢書　2014 第2回配本

二〇一四年六月十日　初版第一刷発行

訳　者　朴《ぱく》　一《いる》　功《ごん》

発行者　檜　山　爲　次　郎

発行所　京都大学学術出版会
606-8315 京都市左京区吉田近衛町六九 京都大学吉田南構内
電　話　〇七五-七六一-六一八二
FAX　〇七五-七六一-六一九〇
http://www.kyoto-up.or.jp/

印刷／製本・亜細亜印刷株式会社

ISBN978-4-87698-485-5

定価はカバーに表示してあります

西洋古典叢書 〔第Ⅰ～Ⅳ期、2011～2013〕既刊全106冊（税別）

【ギリシア古典篇】

アイスキネス　弁論集　木曾明子訳　4200円
アキレウス・タティオス　レウキッペとクレイトポン　中谷彩一郎訳　3100円
アテナイオス　食卓の賢人たち　1　柳沼重剛訳　3800円
アテナイオス　食卓の賢人たち　2　柳沼重剛訳　3800円
アテナイオス　食卓の賢人たち　3　柳沼重剛訳　4000円
アテナイオス　食卓の賢人たち　4　柳沼重剛訳　3800円
アテナイオス　食卓の賢人たち　5　柳沼重剛訳　4000円
アラトス／ニカンドロス／オッピアノス　ギリシア教訓叙事詩集　伊藤照夫訳　4300円
アリストクセノス／プトレマイオス　古代音楽論集　山本建郎訳　3600円
アリストテレス　天について　池田康男訳　3000円
アリストテレス　魂について　中畑正志訳　3200円
アリストテレス　動物部分論他　坂下浩司訳　4500円

アリストテレス　ニコマコス倫理学　朴　一功訳　４７００円
アリストテレス　政治学　牛田徳子訳　４２００円
アリストテレス　トピカ　池田康男訳　３８００円
アリストテレス　生成と消滅について　池田康男訳　３１００円
アルクマン他　ギリシア合唱抒情詩集　丹下和彦訳　４５００円
アルビノス他　プラトン哲学入門　中畑正志訳　４１００円
アンティポン／アンドキデス　弁論集　高畠純夫訳　３７００円
イアンブリコス　ピタゴラス的生き方　水地宗明訳　３６００円
イソクラテス　弁論集　1　小池澄夫訳　３２００円
イソクラテス　弁論集　2　小池澄夫訳　３６００円
エウセビオス　コンスタンティヌスの生涯　秦　剛平訳　３７００円
エウリピデス　悲劇全集　1　丹下和彦訳　４２００円
エウリピデス　悲劇全集　2　丹下和彦訳　４２００円
エウリピデス　悲劇全集　3　丹下和彦訳　４６００円
ガレノス　自然の機能について　種山恭子訳　３０００円

ガレノス　ヒッポクラテスとプラトンの学説　1　内山勝利・木原志乃訳　3200円
ガレノス　解剖学論集　坂井建雄・池田黎太郎・澤井　直訳　3100円
クセノポン　ギリシア史　1　根本英世訳　2800円
クセノポン　ギリシア史　2　根本英世訳　3000円
クセノポン　小品集　松本仁助訳　3200円
クセノポン　キュロスの教育　松本仁助訳　3600円
クセノポン　ソクラテス言行録　1　内山勝利訳　3200円
セクストス・エンペイリコス　ピュロン主義哲学の概要　金山弥平・金山万里子訳　3800円
セクストス・エンペイリコス　学者たちへの論駁　1　金山弥平・金山万里子訳　3600円
セクストス・エンペイリコス　学者たちへの論駁　2　金山弥平・金山万里子訳　4400円
セクストス・エンペイリコス　学者たちへの論駁　3　金山弥平・金山万里子訳　4600円
ゼノン他　初期ストア派断片集　1　中川純男訳　3600円
クリュシッポス　初期ストア派断片集　2　水落健治・山口義久訳　4800円
クリュシッポス　初期ストア派断片集　3　山口義久訳　4200円
クリュシッポス　初期ストア派断片集　4　中川純男・山口義久訳　3500円

クリュシッポス他　初期ストア派断片集　5　中川純男・山口義久訳　3500円
テオクリトス　牧歌　古澤ゆう子訳　3000円
テオプラストス　植物誌　1　小川洋子訳　4700円
ディオニュシオス／デメトリオス　修辞学論集　木曾明子・戸高和弘・渡辺浩司訳　4600円
ディオン・クリュソストモス　トロイア陥落せず――弁論集　2　内田次信訳　3300円
デモステネス　弁論集　1　加来彰俊・北嶋美雪・杉山晃太郎・田中美知太郎・北野雅弘訳　5000円
デモステネス　弁論集　2　木曾明子訳　4500円
デモステネス　弁論集　3　北嶋美雪・木曾明子・杉山晃太郎訳　3600円
デモステネス　弁論集　4　木曾明子・杉山晃太郎訳　3600円
トゥキュディデス　歴史　1　藤縄謙三訳　4200円
トゥキュディデス　歴史　2　城江良和訳　4400円
ピロストラトス／エウナピオス　哲学者・ソフィスト列伝　戸塚七郎・金子佳司訳　3700円
ピロストラトス　テュアナのアポロニオス伝　1　秦　剛平訳　3700円
ピンダロス　祝勝歌集／断片選　内田次信訳　4400円
フィロン　フラックスへの反論／ガイウスへの使節　秦　剛平訳　3200円

プラトン　ピレボス　山田道夫訳　3200円
プラトン　饗宴／パイドン　朴　一功訳　4300円
プルタルコス　モラリア　1　瀬口昌久訳　3400円
プルタルコス　モラリア　2　瀬口昌久訳　3300円
プルタルコス　モラリア　5　丸橋　裕訳　3700円
プルタルコス　モラリア　6　戸塚七郎訳　3400円
プルタルコス　モラリア　7　田中龍山訳　3700円
プルタルコス　モラリア　8　松本仁助訳　4200円
プルタルコス　モラリア　9　伊藤照夫訳　3400円
プルタルコス　モラリア　10　伊藤照夫訳　2800円
プルタルコス　モラリア　11　三浦　要訳　2800円
プルタルコス　モラリア　13　戸塚七郎訳　3400円
プルタルコス　モラリア　14　戸塚七郎訳　3000円
プルタルコス　英雄伝　1　柳沼重剛訳　3900円
プルタルコス　英雄伝　2　柳沼重剛訳　3800円

プルタルコス　英雄伝 3　柳沼重剛訳　3900円
プルタルコス／ヘラクレイトス　古代ホメロス論集　内田次信訳　3800円
ヘシオドス　全作品　中務哲郎訳　4600円
ポリュビオス　歴史 1　城江良和訳　3700円
ポリュビオス　歴史 2　城江良和訳　3900円
ポリュビオス　歴史 3　城江良和訳　4700円
ポリュビオス　歴史 4　城江良和訳　4300円
マルクス・アウレリウス　自省録　水地宗明訳　3200円
リバニオス　書簡集 1　田中　創訳　5000円
リュシアス　弁論集　細井敦子・桜井万里子・安部素子訳　4200円
ルキアノス　偽預言者アレクサンドロス——全集 4　内田次信・戸田和弘・渡辺浩司訳　3500円

【ローマ古典篇】

ウェルギリウス　アエネーイス　岡　道男・高橋宏幸訳　4900円
ウェルギリウス　牧歌／農耕詩　小川正廣訳　2800円

ウェレイユス・パテルクルス　ローマ世界の歴史　西田卓生・高橋宏幸訳　2800円
オウィディウス　悲しみの歌／黒海からの手紙　木村健治訳　3800円
クインティリアヌス　弁論家の教育　1　森谷宇一・戸高和弘・渡辺浩司・伊達立晶訳　2800円
クインティリアヌス　弁論家の教育　2　森谷宇一・戸高和弘・渡辺浩司・伊達立晶訳　3500円
クインティリアヌス　弁論家の教育　3　森谷宇一・戸田和弘・吉田俊一郎訳　3500円
クルティウス・ルフス　アレクサンドロス大王伝　谷栄一郎・上村健二訳　4200円
スパルティアヌス他　ローマ皇帝群像　1　南川高志訳　3000円
スパルティアヌス他　ローマ皇帝群像　2　桑山由文・井上文則・南川高志訳　3400円
スパルティアヌス他　ローマ皇帝群像　3　桑山由文・井上文則訳　3500円
セネカ　悲劇集　1　小川正廣・高橋宏幸・大西英文・小林　標訳　3800円
セネカ　悲劇集　2　岩崎　務・大西英文・宮城徳也・竹中康雄・木村健治訳　4000円
トログス／ユスティヌス抄録　地中海世界史　合阪　學訳　4000円
プラウトゥス　ローマ喜劇集　1　木村健治・宮城徳也・五之治昌比呂・小川正廣・竹中康雄訳　4500円
プラウトゥス　ローマ喜劇集　2　山下太郎・岩谷　智・小川正廣・五之治昌比呂・岩崎　務訳　4200円
プラウトゥス　ローマ喜劇集　3　木村健治・岩谷　智・竹中康雄・山澤孝至訳　4700円

プラウトゥス　ローマ喜劇集　4　高橋宏幸・小林　標・上村健二・宮城徳也・藤谷道夫訳　4700円
テレンティウス　ローマ喜劇集　5　木村健治・城江良和・谷栄一郎・高橋宏幸・上村健二・山下太郎訳　4900円
リウィウス　ローマ建国以来の歴史　1　岩谷　智訳　3100円
リウィウス　ローマ建国以来の歴史　3　毛利　晶訳　3100円
リウィウス　ローマ建国以来の歴史　4　毛利　晶訳　3400円
リウィウス　ローマ建国以来の歴史　9　吉村忠典・小池和子訳　3100円